우크라이나 작가
크리스티나 코즈로브스카의 동화와 단편소설

반려 고양이 플로로

크리스티나 코즈로브스카(Ĥristina Kozlovska) 저
페트로 팔리보다(Petro Palivoda) 에스페란토역
장정렬 옮김

반려 고양이 플로로(한-에 대역)

인   쇄 : 2022년 3월 7일 초판 1쇄
발   행 : 2022년 4월 22일 초판 2쇄
지은이 : 크리스티나 코즈로브스카(Ĥristina Kozlovska)
에스페란토 역 : 페트로 팔리보다(Petro Palivoda)
옮긴이 : 장정렬(Ombro)
표지디자인 : 노혜지
펴낸이 : 오태영(Mateno)
출판사 : 진달래
신고 번호 : 제25100-2020-000085호
신고 일자 : 2020.10.29
주   소 : 서울시 구로구 부일로 985, 101호
전   화 : 02-2688-1561
팩   스 : 0504-200-1561
이메일 : 5morning@naver.com
인쇄소 : TECH D & P(마포구)

값 : 13,000원
ISBN : 979-11-91643-43-5(03890)

우크라이나 젊은 작가
크리스티나 코즈로브스카의 동화와 단편소설

반려 고양이 플로로

크리스티나 코즈로브스카(Ĥristina Kozlovska) 저
페트로 팔리보다(Petro Palivoda) 에스페란토역
장정렬 옮김

진달래 출판사

<에스페란토번역본 정보>

Tradukite laŭ la eldono: Христина Козловська, Коштовніше за золото, Брустурів, Discursus, 2015

이 책을 구매하신 모든 분께 감사드립니다.

출판을 계속하는 힘은 독자가 있기 때문입니다.
평화를 위한 우리의 여정은 작은 실천, 에스페란토를 사용하는 것입니다.
(오태영 *Mateno* 진달래 출판사 대표)

차 례

특별기고1)

"MILITO PER MIAJ OKULOJ"
제 눈으로 직접 본 전쟁

부산일보 "지금도 러시아군이 무고한 시민에게 총부리를 겨누고 있어요"

Mia nomo estas Petro Palivoda. Mi estas 62-jara ukraina kaj esperanta poeto kaj tradukisto, mi loĝas kun mia edzino en vilaĝo situanta proksimume je 20 km de Kijivo (Kievo), ĉefurbo de Ukrainio.

제 이름은 페트로 발리보다(Petro Palivoda, 62세)입니다.

---

1) *역주: 이 기고문은 부산일보(2022년 4월 13일) 제2면 <우크라이나에서 온 편지>라는 제목으로 실린 자료를 옮겨 적습니다. (http://mobile.busan.com/view/busan/view.php?code=20220412 19311690060)

우크라이나 시인이자 에스페란토 시인이고 번역 작가입니다. 저는 제 아내와 함께 우크라이나 수도 키이우(키에프)에서 약20km떨어진 곳에 마을에서 살고 있습니다.

Koreio ne estas fremda lando por mi. Lastatempe, Eldonejo Zindale en Seulo aperigis prozan libron de ukraina verkistino Ĥristina Kozlovska "Kato Floro" en tri lingvoj: korea, esperanta kaj angla. Mi esperantigis kaj angligis la verkojn en la libro, kaj tradukisto kaj redaktoro de la korea Esperanto-revuo TERanidO sinjoro Ombro-Jang koreigis ilin. Antaŭe la sama revuo publikigis en mia traduko prozajn kaj poeziajn verkojn de nuntempaj ukrainaj aŭtorinoj Ĥristina Kozlovska, Bohdana Jehorova kaj Maria Mikicej.

대한민국은 제게 낯선 나라가 아닙니다. 지난 3월 서울의 진달래출판사에서 우크라이나 작가 크리스티나 코즈로프스카(Ĥristina Kozlovska)의 단편소설 <반려 고양이 플로로>(장정렬 번역)를 출간했기 때문입니다. 저는 그 작품들을 에스페란토와 영어로 번역했고, 제 번역을 한국에스페란토협회 부산지부 회보 <테라니도(TERanidO> 편집장 장정렬 님이 한국어로 번역하였습니다. 이전에도 부산지부 회보 <테라니도>에서는 우크라이나 작가들(크리스티나 코즈로브스카, 보드하나 예호로바 (Bohdana Jehorova), 마리아 미키세이(Maria Mikicej) 의 작품(동화, 시)이 소개된 바 있습니다.

Jam dum pli ol kvardek tagoj mia Patrujo Ukrainio

heroe rezistas al rusaj trupoj. Mi neniam forgesos la matenon de la 24-a de februaro, kiam proksimume je la 5-a horo mia edzino vekis min per la vortoj: "Leviĝu, milito estas". Ekstere estis aŭdeblaj eksplodoj. En la lastaj tagoj antaŭ la 24-a de februaro, ni vivis kun maltrankvilaj atendoj, la usona registaro avertis nian registaron, ke Rusio atakos nian landon, sed ni ne povis kredi, ke tio eblas en la 21-a jarcento. Ni tuj telefonis nian filinon, kiu loĝis kun sia edzo kaj du filinoj (5- kaj 8-jara) en Kijivo. Ili kaŝis sin en la kontraŭbomba rifuĝejo dum du tagoj, kiam ili aŭdis alarmajn sirenojn, kaj poste veturis per la auto al mia bona amiko loĝanta en la okcidento de nia lando, kie estis iomete pli sekure. Sed rusaj misiloj komencis alveni tien, kaj nia filino kun la nepinoj decidis rifuĝi en Francio, kie unu familio afable kaj bonkore akceptis ilin.

벌써 40일 이상 이미 제 조국 우크라이나는 영웅적으로 러시아 군의 공격에 맞서 싸우고 있습니다. 저는 지난 2월24일 새벽5시에 제 아내가 나를 깨운 말- «여보, 전쟁이 일어났나 봐요»- 을 평생 잊지 못할 겁니다. 제가 사는 집 바깥에서 폭발음이 들려 왔습니다. 그날이 있기 며칠 전부터 저희는 불안한 마음으로 살아 왔습니다. 미국 정부가 우리 정부에게 알려 주기를, 러시아가 우리나라를 공격할 것이라 했지만, 우리는 그런 일이 21세기에는일어나리라고는 믿지 않았습니다 . 저는 즉시 수도 키이우에 사는 제 딸 가족(사위, 5살과 8살의 두 딸과 함께 살고 있음)에게 전화했습니다. 그 딸 가족은 방공호에서 이틀간 숨어 지내며 공습경보사이렌을 들어야 했습니다. 그 뒤 딸 가족은 서부의 다소 안전한 제 친구 집으로 피신해야 했습니다. 그랬는데, 그 서부에도 러시아 미사일이 날아와, 제 딸 가족은, 프랑스의 한 마음씨 좋은 가정이 저희 딸 가족을 받아줘서, 그곳 프랑스로 다시 피신해야 했습니다.

Matene de la 24-a de februaro mi afiŝis ĉe Fejsbuko: "Ne paniku! Ni estas sur nia tero! Dio kaj la Armitaj Fortoj de Ukrainio estas kun ni!" Multaj homoj, precipe virinoj kun infanoj, rifuĝis en pli sekuraj lokoj, inkluzive en eksterlando. Mi kun mia edzino decidis resti en nia vilaĝo. Ni aranĝis lokon en la kelo, kie estas stokitaj legomoj kaj ladmanĝaĵoj, por kaŝiĝi tie en la kazo de pripafado aŭ bombado. En la vilaĝo estis tuj organizita teritoria defendo, kies membroj iĝis la viroj, kiuj iam servis en la armeo. La defendanoj ricevis pafarmilojn. La enirejo kaj elirejo de la vilaĝo estas kontrolataj per ili. Vojoj estis blokitaj kontraŭ la ebla trapaso de malamikaj tankoj.

2월 24일 아침에 저는 페이스북(facebook)에 이렇게 썼습니다: "공포에 떨지 맙시다! 우리는 우리 나라, 내 땅에 있습니다! 하느님과 우크라이나 군인이 우리와 함께 있습니다!" 수많은 사람들이, 특히 아이들을 데리고 여성들이, 더 안전한 장소로, 외국을 포함해서 피난해야 했습니다. 하지만 저와 아내는 제가 사는 마을에 남기로 결정했습니다. 저희는 저장된 채소와 통조림 음식을 준비해 총탄이나 포탄이 투하되어는 경우에도 숨을 만한 피신처를 마련했습니다. 저희 마을에는 지역 수비대가 조직되었고, 그 구성원은 군 복무 경험이 있는 남자들로 구성되었습니다. 지역수비대는 총도 받았습니다. 저희 마을의 출입구는 지역 수비대가 총으로 무장한 채 지키고 있습니다. 도로마다 적군의 탱크가 지나가는 것을 막을 목적으로 차단을 했습니다.

Nia vilaĝo situas sur la maldekstra bordo de la Dnipro Rivero. Fortune por la vilaĝanoj, sur nia bordo ne estis batalado aŭ raketatakoj kaj la vilaĝo ne estis okupita de la rusaj nazioj. La plej danĝeraj aferoj estis sur la mala flanko, kie la malamikoj provis traŝiriĝi al Kijivo. Sed la pordoj kaj fenestroj en niaj domoj skuiĝis pro eksplodoj de bomboj kaj artileria pripafado. Homoj dormis vestitaj aŭ en la keloj aŭ en relative sekuraj lokoj en siaj domoj. Sirenoj pri eventuala aerataka sonadis konstante: tage kaj nokte. Nun la situacio proksime de la ĉefurbo iomete trankviliĝis, ĉar niaj trupoj subpremis la rusan ofensivon, kaj restaĵoj de la malamikaj trupoj moviĝis al la oriento kaj la sudo de nia lando.

저희 마을은 드니프로(Dnipro)강의 왼편 경계에 위치해 있습니다. 여러 마을 사람들에게는 다행스럽게도, 그 경계에는 전투나 로케트 포탄이 날아오지 않았습니다. 그래서 저희 마을은 러시아군에게 점령되지 않았습니다. 가장 큰 위험한 일은 강 저 반대편에 벌여졌습니다. 그곳에는 러시아군이 수도 키이우를 쳐들어갈 시도를 했기 때문입니다. 그러나 저희 마을 집의 출입문과 창문은 포탄과 포병대 포격의 폭발음으로 매번 흔들렸습니다. 공습을 알리는 사이렌이 밤이고 낮이고 가리지 않고 연신 울려댔습니다. 지금의 수도 키이우 주변의 전황은 다소 안정되었습니다. 왜냐하면 저희 우크라이나 군대가 러시아군 공격을 막아냈고, 적군은 우리나라 동쪽과 남쪽으로 이동했기 때문입니다.

Ne nur militaj objektoj en Ukrainio estas bombardataj kaj pripafataj, sed ankaŭ loĝejaj domoj, hospitaloj, akuŝejoj, lernejoj kaj infanĝardenoj. Multaj civiluloj estas mortigitaj, ankaŭ infanoj. Vera genocido estas realigata en la okupataj setlejoj. Niaj urboj kiel Mariupol, Irpin kaj Borodjanka estas nun konataj en la tuta mondo, tie rusaj faŝistoj montris sian bestan naturon. La tuta mondo estis ŝokita de la "Buĉa masakro". Buĉa estas urbo apud Kijivo, la rusaj monstroj detruis ĝin tute, kaj centoj da civiluloj estis torturitaj kaj poste mortpafitaj kun senprecedenca krueleco. Tiuj barbarojn kaj sovaĝulojn haltigas nenio. Homaj reguloj kaj normoj estas nekonataj al ili. Virinoj kaj infanoj estas seksperfortataj, kaj senarmaj civiluloj estas mortpafataj. Nur por amuzo. Eĉ sovaĝaj bestoj ne faras tion, kiel tiuj tiel nomataj "liberigantoj". Ĉio estas elprenata el la domoj: televidiloj, komputiloj, lavmaŝinoj, fridujoj kaj aliaj hejmaj aparatoj, juvelaĵoj, vestaĵoj, eĉ tolaĵo kaj fekseĝoj por hejmenporti. Ĉio prirabita, eĉ budoj por hundoj, estas ankaŭ sendata al Rusio per poŝto el la teritorio de Belorusio kie ankaŭ troviĝas rusaj trupoj. Kiam mi skribis ĉi tiun artikolon, venis mesaĝo, ke rusoj plu batalas kontraŭ civiluloj. Ili trafis la fervojan stacion Kramatorsk per misilo Iskander. Pli ol 50 homoj estas mortigitaj kaj pli ol 100 homoj estas vunditaj. Ĉe la stacidomo en tiu tempo estis miloj da homoj kiu volus evakuiĝi, kaj rusaj faŝistoj sciis tion. La nivelo de krueleco de la armeo de teroristoj kaj ekzekutistoj de la Rusa Federacio ne konas limojn.

공습을 당한 곳은 우크라이나 주요 군대 관련 시설물은 물론이고, 거주지의 가옥, 병원, 조산소, 학교와 심지어 유치원도 예외가 아니었습니다. 수많은 시민이 전쟁으로 사망했고, 아동도 마찬가지입니다. 진짜 대학살이 그들의 점령지역에서 자행되었습니다. 마리우폴(Mariupol), 이르핀(Irpin)과 보로단스카(Borodjanka) 와 같은 도시가 이제 전 세계에 알려 지게 되었습니다. 그곳에서 러시아군은 자신의 야만적 본성을 드러냈습니다. 온 세계가 «부차(Buĉa) 학살 만행»으로 충격을 받고 있습니다. 부차(Buĉa)는 키이우 인근 도시입니다. 러시아 점령군은 그 도시를 전부 파괴하고 수백명의 시민을 고문하고 결국엔 총살해, 전례 없는 야만성을드러냈습니다. 그런 야만성과 추악함을 멎게 하는 것은 아무 것도 없었습니다. 인간 존중이라든지 인권이라는 것을 저들은 모른 체 했습니다. 저들은 부녀자를 강간하고, 무장하지도 않은 시민들에게도 총부리를 들이댔습니다. 시민들을 저들은 놀음의 대상으로만 말입니다. 야만적인 동물도 «해방군»이라는 이름으로 들이 닥친 저들

보다는 나을 것입니다. 민가의 집 안에 있던 모든 것 -TV,
컴퓨터, 세탁기, 냉장고, 다른 가정 용품, 보석, 의복, 심지
어 수건이나 변기용 뚜껑마저- 은 약탈해 자기네 집으로
가져갔습니다. 저들이 약탈한 물품들은, 심지어 집 지키는
개 집까지도, 약탈해, 러시아군이 주둔해 있는 벨라루스
(Belorusio) 땅을 통해 우편으로 러시아로 보낸다고 합니
다. 제가 이 기고문을 쓰고 있을 때 러시아군이 여전히 시
민들에게 총부리를 겨눈다는 메시지가 왔습니다. 저들은
이스탄데르(Iskander) 미사일로 철도역 크라마토르스크
(Kramatorsk)를 공습했습니다. 50명 이상의 인명을 앗아
갔고, 100명 이상의 시민이 부상을 입었습니다. 그 당시
역에는 피난하려는 시민들이 수천 명이 있었는데, 러시아
군은 그 점을 이미 알고 있었는데도 말입니다. 테러와 살
육만 일삼는 러시아군의 잔악무도함은 경계를 모릅니다.

Ukrainio estas pacema lando. Ĝi neniam atakis iun
ajn kaj ne estis atakonta. En Ukrainio la rajtoj de
ĉiuj homoj estas respektataj. Sed Rusio volas havi
novajn teritoriojn, do Putin diris, ke li volas liberigi
Ukrainion de la nazioj. Por li nazioj estas tiuj, kiuj
parolas la ukrainan lingvon, respektas siajn heroojn
kaj evoluigas sian ukrainan kulturon. Tio estas, por
rusoj preskaŭ ĉiuj ukrainoj estas nazioj. En 2014,
Rusio invadis Ukrainion kaj okupis la Krimean
duoninsulon kaj grandan parton de Donecka kaj
Luhanska provincoj. Nun ili decidis tute likvidi la
ukrainojn kiel popolon. La rusa gvidantaro ne kaŝas
tiun fian celon. Ĉi tio estas genocido. Tiel agas

nazioj. La rusoj timigas ukrainojn kaj la tutan mondan komunumon minacante ilin per nukleaj armiloj. Ili planis konkeri nian landon dum kelkaj tagoj.

우크라이나는 평화를 사랑하는 나라입니다. 우리나라는 다른 이웃나라를 한 번도 침범한 적이 없고, 앞으로도 그런 일은 없을 겁니다. 우크라이나에서는 모든 사람의 인권은 존중받고 있습니다. 하지만 러시아는 새로운 땅을 차지하려고 합니다. 그래서 푸틴(Putin)은 자신이 우크라이나를 나찌로부터 해방시키겠다고 합니다. 그에게는 나찌라는 말은 우크라이나 말을 쓰면서, 자신의 나라 영웅을 존중하고, 우크라이나 문화를 발전시키는 사람을 가리키고 있습니다. 이 말은, 러시아 사람들 입장에서 보면, 거의 모든 우크라이나 사람이 나찌가 되는 셈입니다. 2014년에도 러시아는 우크라이나를 침략해 크림(Krimea) 반도와 도네츠카(Donecka)와 루한스카(Luhanska) 지방의 대부분을 점령해 있습니다. 지금 저들은 우크라이나 사람 전부를 자기네 국민으로 합병할 작정으로 하고 있습니다. 러시아 지도부는 그런 추악한 목표를 숨기지 않고 있습니다. 이것이 대학살입니다. 저들이 정말 나찌처럼 행동합니다. 러시아사람들은 우크라이나 사람들을 겁주고 전세계 공동체를 자신의 핵무기로 겁주고있습니다. 저들은 며칠 만에 우리나라를 정복할 계획을 세웠다고 합니다.

Sed Ukrainio batalas. Ni unuiĝis kiel neniam antaŭe. Kaj ukrainlingvaj kaj ruslingvaj loĝantoj de Ukrainio batalas kontraŭ la okupantoj. Laŭ la lastaj enketoj, ĉirkaŭ 95 procentoj de la ukrainia loĝantaro kredas je nia venko. Preskaŭ la tuta mondo estas ĉe nia flanko. Niaj bluflavaj flagoj estas videblaj tutmonde. Ĉie estas aŭdeblaj la vortoj: "Gloro al Ukrainio! - Gloro al herooj!" Multaj landoj adoptis sankciojn kontraŭ Rusio, akceptas niajn rifuĝintojn, helpas Ukrainion per financoj, manĝaĵoj kaj, plej grave, per armiloj. Mi certas, ke ni venkos, ĉar alie ni pereos, ĉar tiam Rusio ne haltos, ĝi atakos aliajn eŭropajn kaj aziajn landojn por realigi sian frenezan planon - restarigi la Rusan Imperion.

하지만 우크라이나는 싸우고 있습니다. 우리는 이전의 그 어느 때보다도 단결되어 있습니다. 그리고 우크라이나에 사는 우크라이나어를 사용하거나 또 러시아어 사용 주민들은 저 점령군에 대항하여 싸우고 있습니다. 최근의 설문조사에 따르면, 우크라이나 주민의 약95퍼센트가 우리 우크라이나의 승리를 믿고 있습니다. 거의 전 세계가 우리 편에 서 있습니다. 우리의 푸르고 노란 국기는 전세계에서 볼 수 있습니다. 어디서나 "우크라이나에게 영광을! - 전쟁영웅들에게 영광을!" 이라며 응원의 목소리가 들려 옵니다. 수많은 나라가 러시아 제제에 동참하고, 우리 피난민들을 받아주고, 우크라이나를 재정적으로, 식료품으로 또, 가장 중요한 무기로써 돕고 있습니다. 저는 우리가 승리하리라고 믿고 있습니다. 그렇지 않으면 우리는 망하기 때문입니다. 만일 우리나라가 무너지면, 그때는 러시아는 멈추지 않을 것입니다. 저들은 자신들의 광적인 계획- 러시아 제국을 다시 세우려고- 다른 유럽과 아시아 나라들을 침략할 것입니다.

Ukrainio bezonas subtenon de la tuta mondo. Mi scias, ke via lando, Korea Respubliko, estas ĉe nia flanko, kaj ĝi multe helpas nin. Vi scias, kio estas milito, kiel vivi dum multaj jaroj en milito. Tial vi komprenas nin. Sinceran dankon al la granda korea popolo pro tio!

우크라이나는 전 세계의 지원을 필요로 합니다. 저는 대한민국도 우리 편에 있음을 잘 알고 있고, 대한민국도 우리를 많이 돕고 있음도 알고 있습니다. 여러분은 무엇이 전쟁인지, 수년간의 전쟁에서 어찌 살아 남았는지를 잘 알고 있습니다. 그러니, 여러분은 우리를 이해하고 있습니다. 그래서 위대한 대한민국 국민에게 진심의 감사를 표합니다. 우크라이나를 계속 지지해 주십시오.

SUBTENU UKRAINION!
La 10-an de aprilo 2022 2022년 4월 10일
Petro Palivoda, Ukrainio
페트로 팔리보다, 우크라이나.

*Urbo Borodjanka. La urbo rekonsciiĝas post la bombado. 보로단칸 시. 이 도시는 포격을 당한 뒤 재건을 서두르고 있다.(사진: 니나 크루세브스카(Nina Hruŝevska))

* Urbo Irpin. Pentristo sub ruinita ponto. 이르핀 시.
폐허의 다리 아래서 그림을 그리는 화가

*Urbo Kijivo. Virino en la fenestro de ruinita domo.
키이우 시. 포격을 당한 집의 창가의 여인

*Urbo Kijivo. Kvar loĝejdomoj, infanĝardeno kaj lernejo estis detruitaj per fragmentoj de raketo. 키이우 시. 로켓포탄으로 파괴된 가옥 4채, 유아원과 학교.

*부산일보(2022.04.13.)에 번역기고한 장정렬

Mi ankaŭ sendas kvar fotojn de mia konatino - ukraina fotistino Nina Hruŝevska. Ili ne estis ankoraŭ aperigitaj eksterlande. Bonvolu uzi ilin, almenaŭ kelkajn, kun la artikolo, ĉar mi promesis al la fotistino, ke almenaŭ kelkaj fotoj estos aperigitaj en la ĵurnalo.Nepre indiku la nomon de la fotistino - Nina Hruŝevska - kaj la titolojn de la fotoj:

사진 4장을 보냅니다. 이 사진은 제 지인인 우크라이나 여성 사진작가 니나 크루세브스카(Nina Hruŝevska)입니다. 이 사진들은 아직 외국의 어느 곳에도 소개된 적이 없는 작품입니다. 이 사진 중 몇 장은 제 기고문과 함께 쓰이면 좋겠습니다. 저는 사진작가로부터 이 사진이 부산일보에 실린다는 것을 허락받았습니다. 사진이 실릴 때 꼭 사진작가의 이름과 제목을 명시해 주십시오.

작가소개

크리스티나 코즈로프스카(Ĥristina KOZLOVSKA, Х ристина Козловська)는 1989년 우크라이나 이바노 프란키우스크주 콜로메아구 벨리카 캄얀카에서 태어났 습니다. 작가, 시인이자 언론인입니다.

작가는 고향인 벨리카 캄얀카에서 고등학교를 마친 뒤, 이바노프란키우스크에 있는 바실 스테파니크 국립 대학교 영문학을 전공했습니다.

2008년부터 작가는 그 도시의 할리나 페트로사냐크 (Halina Petrosanjak)가 이끄는 "노벨" 문학 스튜디 오 회원이 되었습니다.

"우크라이나 작가에게 노벨문학상을!"이라는 캠페인 을 벌이는 "노벨"-회원 작가 집단에 참여했습니다.

작가 작품은 우크라이나의 여러 정기간행물과, 북아 메리카의 우크라이나인 기관지 "Ukrainske Slovo" (미국 시카고)에도 실렸습니다.

또 작가의 작품은 『황금보다 더 소중한 것』(문학 에이 전시 "Discirsus", Brusturiv, 2015), 『도마뱀과 그 꼬리』(문학 에이전시 "Discirsus", Brusturiv, 2018) 에 실렸습니다. 『아이를 기다리는 특별한 아홉 달』(문 학 에이전시 "Discirsus", Brusturiv, 2018)과 『봄을 만지다』(Kolomeo, 2008)의 공동 저자이기도 합니다.

작가의 단편 작품들은 번역가 페트로 팔리보다(Petro

Palivoda)에 의해 에스페란토로 번역되어, 우크라이
나, 중국, 캐나다, 미국, 터키, 폴란드, 크로아티아, 한
국(<테라니도>), 헝가리에서도 소개되었고, 특히 체코
에서는 시각 장애인 언어로 발표되었습니다.

작가의 작품은 독일어로 번역되어 "Skljanka ĉasu -
Zeitglas" 와 "Aus 20 Jahren Zeitglas"에 실리기도
했다.

◆수상경력◆

-2008년 시 "가을의 시각에서" 부문 콩쿠르 우승(우
크라이나, Ivano-Frankivsk)
-2014년 <Smoloskip> 출판사 문학상 수상
-2015년 <황금의 사슴> 작품 공모에 참여해 국제(우
크라이나-독일) 문학상 "Oles Honĉar" 수상. 이 행사
당선작들은 2015년 『황금보다 더 소중한 것』이라는
소설집에 실렸다.

작가의 말

한국 독자 여러분 안녕하세요!

제 작품이 우리에게 매일 아침의 태양을 보내주는 동방의 아침의 나라 한국에서 출간된다니 정말 기쁩니다. 한국은 우리에게 새날과 새로운 희망을 안겨 주는 태양이 축복하는 나라입니다. 저는 항상 한국을 한번 방문하는 꿈을 꾸어 왔는데, 제 꿈이 부분적으로 실현되었네요, 제 책이 그곳 한국에 먼저 발간되었기 때문이지요.

이런 발간의 행운은 서양과 동양을 연결하는 다리가 되어준 에스페란토(Esperanto)가 있기에 가능합니다. 에스페란토는 전 세계 사람들에게 세계문학을 즐길 기회를 제공하고, 커뮤니케이션의 모든 장벽을 넘어서게 해 주고 있습니다. 이 언어 덕분에 우리가 -한국 애독자 여러분과 제가- 서로 가까워졌어요.

내일 아침이면 첫 햇살에서 이미 저를 알고 제 작품을 읽은 한국 애독자 여러분이 보내주시는 인사도 느끼겠지요.

애독자 소식을 실어 올 그 햇살을 생각하니, 제 마음은 이미 설레네요.

크리스티나 코즈로프스카(Ĥristina Kozlovska)
우크라이나(Ukrainio)에서

Karaj koreaj legantoj,

Mi tre ĝojas, ke miaj verkoj estos publikigitaj en Koreio, la lando el kiu la suno venas al ni ĉiumatene. Estas Koreio, kiu benas nian sunon por doni al ni novan tagon kaj novajn esperojn. Mi ĉiam revis viziti Koreion kaj mia revo parte realiĝis, mia libro aperos tie, kaj Esperanto iĝos ponto inter niaj okcidenta kaj orienta mondoj. Esperanto donas al homoj el la tuta mondo la ŝancon ĝui mondan literaturon, detruas ĉiujn barojn al komunikado. Dank' al tio mi sentas kiel ni proksimiĝas unu al la alia. Kaj baldaŭ estos venantaj matenoj, en kies unuaj radioj mi kaptos salutojn de koreoj, kiuj jam estos legintaj mian libron, ekkoninte parton de mi, kaj mi siavice antaŭĝojas renkonti ilin.

Ĥristina Kozlovska

1. 반려견 브리오슈

나는 그 녀석을 브리오슈[2]라고 이름을 지었다. 아빠가 아직 온전히 새끼강아지인 녀석을 데려왔을 때, 그 녀석은 하얀 솜털로 덮여 있어, 그 녀석 모습이 마치 올하 할머니께서 크리스마스날 저녁에 굽는, 가루 설탕이 뿌려진, 옆이 동그란 브리오슈 롤빵과 흡사했다. 브리오슈라는 이름은 그 녀석, 그 새끼강아지를 보자마자, 내게 곧장 떠올랐다. 그 이름이 그 녀석에게 썩 잘 어울렸음은, 마치 그 이름이 먼저 생기고 나중에 그 녀석이 생겼다고 할 정도였다. 그 녀석이 달리는 모습을 보고 있으면, 그 녀석이 개가 아니라, 내 두 손안으로 바로 굴러들어오는 작은 털 덩어리로 보였다. 그렇게 그 녀석이 뛰어올 때마다, 나는 무릎을 꿇어, 그 녀석을 내 품에 안았다. 그때 처음으로 나는 행복이라는 것이 어떤 추상적 개념이 아니라, 구체적 형태와 색깔을 가질 수 있고, 나를 물기조차도 할 수 있음을 알았다.

그때 내 나이 일곱 살이었고, 우리 집에서뿐만 아니라 우리 마을에서도 유일한 아이였다. 삶이란 내게 불공평한 것 같았다. 나는 몇 시간 동안 내 방의 창문틀에 앉아, 풀밭에서 이리저리로 돌아다니며 뭔가 먹을 것을 찾고 있는 암평아리들을 바라보기도 하고, 우리 집의 지붕 저 위쪽에서 늘 모습을 바꾸며 흘러가는

---

2) *역주: 버터·달걀이 든 롤빵, 브리오슈인데 에스페란토로는 애칭을 넣어 '브리오쵸' 라고 번역.

여러 구름을 올려 보기도 하고, 또, 내 방의 창문을 두들기고는 부서져, 나중에 영원히 내 시야에서 저 멀리 사라지거나, 또는 내 발아래서 단순히 물로 변하려고 저 아래로 수줍게 흘러가는 빗방울들을 보기도 하였다.

그런데, 그 녀석이 나의 세계에 나타나자, 모든 것이 달라져 버렸다. 하얗고, 따뜻하고, 또 무슨 간단히 비실제적일 정도로 무척 아름다워, 그게 마치 모든 어린 시절의 꿈이었다. 브리오슈는 나를 물끄러미 바라봄으로 내 기분을 즐겁게 해 주었다. 그 녀석은 내게 경이로움을 가진 바깥 세계가 존재할 뿐만 아니라, 이 방안에도 세계가 존재하고, 또 세계가 내 안 더 깊숙이 어딘가에도 존재하고 있음을 제각기 상기시켜 주었고 또한 그 세계는 활발하게 움직이니 더욱 예사롭지 않음도 상기시켜 주었다. 기쁨은 내 안에서 생겨나, 자라서는, 그 기쁨 때문에 자신의 두 날개를 흔들고, 크게 웃으며 외부로 힘차게 돌진해 날갯짓하는 새가 되었다.

그런 나날이 오랫동안 계속되니, 미래에 나를 기다리던 내 삶은 마치 영원처럼 느껴졌다.

어느 해 여름이 되었다. 나는 브리오슈와 함께 따뜻한 풀밭에 누웠고, 그 녀석이 내 뺨을 핥으면, 나는 사랑이, 나를 둘러싼 만물에 대한 사랑이 충분히 넘쳐흐르고 있음을 느꼈지만, 최고의 사랑은 여름을 향해, 또, 내 브리오슈를 향해 있었다. 내가 두 눈을 감고 있으면, 태양은 나의 닫힌 눈꺼풀을 통과해 들어와,

지금 온화한 장미색의 반짝임 속에서 나는 어른이 된 나의 모습을 그릴 수 있었다. -키가 훌쩍 커서, 살짝 웃음도 지으며, 승용차를 직접 운전하면서, 책을 쓰는 어른인 작가로서의 내 모습. 얼마나 많은 해가 지나면, 이런 모습의 어른이 될까? 10년 아니면 20년 뒤?

나는 몰랐다. 또 내겐 그때 그것이 중요한 일이 아니었다. 어린 시절엔 그 일을 중요한 일로 진지하게 생각해 보기란 너무 멀었다. 내게 중요한 일이란 -상상해 보고, 꿈꾸고, 계획하는 것이나. 진짜 실재성은 내 머릿속에서 생겨난다. 나는 그 점에서는 확실하다. 환상 속의 나는 다른 사람이었기에, 지금의 내 모습이 아니기에, 나는 내가 사는 집도 똑같이 그런 상상을 해 보았다. 그래서 내가 사는 집도 바로 그러한 상상 속에 그대로의 상태로 있어야만 하는 것이다. 우리 집 마당도, 그 마당에 서 있는 긴 가지의 호두나무도(왜냐하면, 그래야만 그 마당은 여름날의 무더위를 피할 수 있는 정말 짙은 그늘을 만들어 줄 수 있기에), 그 창문 앞에 벚나무도, 심지어 그 풀밭도, 태양도, 이 모든 것이 제 자리에 그대로 있어야만 했다. 또 그 녀석도 중요했다. 나는 브리오슈도 언제나 나와 함께 할 것에 전혀 의심조차 하지 않았다.

브리오슈는 비정상적으로 자랐어도, 아주 마음씨 착하고 다정한 어른 개로 커갔다. 그러나, 브리오슈는 처음 본 낯선 사람을 만나서도 전혀 짖지 않았다. 대신, 그 녀석은 자신의 꼬리만 태평스럽게 흔들었다. 그래서 나는 그 점을 그 녀석의 가장 큰 장점으로 여겨 좋아했다. 하지만, 부모님과 올하 할머니는 다른 의견이셨다. 그분들은 브리오슈가 똑똑하지 못한 개라고 하시면서, 개가 짖지 않음은 개의 특성이 아니라고 하셨다. 그분들은 그 개를 낯선 사람이 오면 그 사실을 알려주는 역할인, 잘 짖는 개로 데려왔다며, 개란 모름지기 집을 잘 지켜야만 한다고 하셨다.

나는 그분들 말씀에 화가 나고, 속도 상해, 내 두 눈에 눈물을 많이도 쏟았다. 내가 브리오슈를 보아도, 그 녀석은 하얀 막연한 점으로만 보였다. 어른인 사람들은 정말 웃기는 존재야 하고 나는 생각했다. 분명한 일도 제대로 이해할 줄 모르는 분들이야, 또한 도덕을 죄악도 구분하지 못하시네 라고 생각했을 정도였다.

나는 개념이 대체됨을 느꼈다. 비록 그때 내가 그것을 말로는 표현할 줄 몰랐을 정도라 하더라도. 어떻게 사람들은 뭔가(누군가)를 그 뭔가(사람)의 착한 심성 때문에 사랑하지 않을 수 있는가? 세상의 불합리함이 내 유치함의 바리케이드를 통과해 들어 와, 육중한 해머로 내 벽돌 벽을 때려, 그 벽이 부서지는 바람에, 그 벽의 몇 곳에는 벽돌이 깨져 구멍이 여럿 생겨버렸다.

나는 열정적으로 스스로 구원해 보려고 애쓰면서, 내 두 눈을 감고, 내 얼굴을 태양에 맡기면서, 내 아래 놓인 풀로 인해, 또 내 뺨 위로 브리오슈의 따뜻한 혀로 인해, 또한, 장밋빛 눈꺼풀 아래의 환상들로 인해 생기는 아주 큰 행복감을 되찾기를 헛되이 희망하고 있었다. 언제나 그렇게만 되어라, 언제나, 나는 스스로 그렇게 속삭여 보아도, 그것은 더는 그렇게 되지 않았다. 대신 뭔가 불쾌한 것이 내 속에서 나를 소란스럽게 하더니 내 목에까지 차오르자, 나는 두 눈을 떴다. 그러자 다시 브리오슈는 하얀 막연한 점으로 변해버렸다.

우리가 사는 동네에서는 개들이 아이의 행복을 위해서만 존재할 수 없었다. 나는 개들이 사람들이 사는 집을 잘 지켜야 한다는 것을 알게 되었고, 그 점을 더 잘 알게 되었다. 그러나 어느 이상한 걱정거리가 내 마음속에서 내가 이제까지 이해하지 못한 무슨 변화들의 직감이 자라고 있었다. 왜냐하면, 나는 내 삶에서 그런 감정들을, 그런 변화들을 한 번도 체험하지 못했기 때문이었다. 하지만 변화들이란 그런 것이고, 그것들은 그리 오랫동안 기다리게 하지 않았다.

나는 가족 중에 그 말씀을 한 분이 누구인지, 엄마인지 아빠인지 잘 기억나지 않지만, 그 말씀은 아무에게도 속하지 않은 것으로 보였고, 그 말씀은 누군가의 입에서 나와서는, 날아가, 내 방에 있는 나를 통과해 날아가 버리는, 내게는 아무 의미도 가지지 않은, 허무한, 무의미한 것이었다. 왜냐하면, 일곱 살짜리 어린애에겐 우리가 어딘가로, 오랫동안, 아주 오랫동안 떠나가 있어야 한다는 그 말씀이 무슨 뜻인지 어찌 알 수 있었겠는가.

"그럼, 올하 할머니는 어떻게 하시는데요?" 나는 부모님을 쳐다보았다.

"그리고 우리 브리오슈는 어떻게 해요?"

'이상하시기도 하시구나, 저 어른들은…' 그렇게 나는

생각했다. 정말 그때도 나는 상상만 하는 아이였으니, 모든 비실재적 쿨(cool)한 정도의 일은 생각해 낼 수 있다. 하지만 저분들은 나보다 훨씬 현실과는 동떨어진 일들도 생각해 낼 수 있는 것 같다.

"할머니는 여기 남아 계시지. 또 브리오슈도 여기 남아. 우리는 언젠가 이 집에 다시 돌아올 거야."

"그게 언제인가요?" 나는 브리오슈와 놀이를 끝내지도 않은 채 물었다.

"언젠가는... 네가 아마 어른이 되면..." 뭔가 주저하며 엄마가 말씀하셨다.

나는 더는 묻지 않았다, 그게 내게는 흥미롭지 않았다. 더 논리적으로 말하자면, 보통 사람은 자신이 뭔가를 좋아하지 않는데, 그 뭔가에 흥미를 둘 수야 없지 않은가.

그해 가을 날씨가 언제나 점점 차가워지자, 이젠 오래전부터 더는 풀밭에 누워 있을 수도 없었다. 브리오슈는 충분히 자라, 이제는 정말 다 큰, 성년의 개가 되었구나 하고 나는 적어도 그리 생각했다. 그 녀석은 모습도 좀 변했다. 그 녀석의 짧았던 코가 이젠 길어졌고, 양쪽 귀도 좀 더 커서는 지금 웃기게도 구부려져 마치 귓불 끝이 앞으로 매달려 있는 그런 모습이었다. 그 녀석은 그렇게 재빨리 달릴 줄 알았고, 그렇게 잘도 높이 뛰어올랐다. 정말 그런 녀석을 내가 데리고 있음에 자랑스러웠다. 그래도 그 녀석은 자신이 가진 성질 중 오직 한 가지만은 변하지 않았다. 여전히 그 녀석은 낯선 사람을 만나도 전혀 짖지 않았다.

그래도, 나는 그 개의 그런 성질을 여전히 최고로 좋아했다.

어느 날, 햇살이 전혀 보이지 않던 때, 아빠가 우리 집으로 여행용 가방 2개를 가져왔다. 나와 브리오슈 말고는 집안 식구들이 아무도 없었을 때, 나는 그 가방이 얼마나 큰지 일아 보려고, 그 가방 중 하나의 안으로 나는 브리오슈와 함께 들어가 보았다. 그 가방은 우리가 들어가 있어도, 그 안은 좀 더 자유로운 공간이 있었을 정도로 그렇게 컸다. 나는 그 녀석의 머리를 쓰다듬어 주었고, 그 녀석은 자신의 크고 축축한 두 눈으로 나를 쳐다보고 있었다. 그 녀석은 나를 믿고 있고, 나는 그 점을 잘 알고 있다. 나는 그 녀석에게서 나를 향한 믿음이 깨지는 것을 가장 싫어했다. 내가 그 녀석의 안주인이다. 바로 내가.

아빠가 우리 마을의 다른 편에 사시는, 당신 삼촌 댁에서 키우던 그 녀석을 우리 집에 데려왔을 때, 그 점을 아빠는 나에게 말씀해 주었다.

그리고, 정말 행복하게도, 내가 다행스럽게도 요 녀석과 함께 지낼 수 있다니. 또, 아빠는 똑같이 하얀 솜털이 나 있는 어린 강아지 무리에서 하얗고 털 많은 요 녀석을 골라, 우연하게도 골라 오셨다. 아빠는 이 강아지를 데려올 때, 이 녀석이, 가장 좋은 녀석이, 가장 마음씨 착한 녀석이 아무에게도 전혀 짖지도 않고 더구나 더는 누군가를 물지도 않을 바로 요 녀석을 얻어 왔음은 예측하지 못하셨다.

나는 더욱 브리오슈를 사랑했고, 요 녀석은 주의 깊

게 내 두 눈을 바라보면서, 오늘따라, 비일상적으로 평온해 보였다. 나중에 부모님이 귀가하셨고, 우리는 그 가방 속에서 놀고 있다가 그 가방에서 나와야 했다. 브리오슈는 집 안에서 바깥으로 내쳐졌다. 정말 집 안의 공간에 그 녀석이 천연스레 앉아있기에는 어울리지 않았다.

어느 날, 나는 어른들이 하시는 대화를 듣게 되었다. 그분들은 이사에 대해 의논하고 있었다. 그분들은 우리나라에 대해 말하고는, 여기서 살기가 어찌나 어려운지, 또 물가, 급료, 또 내가 이해하지 못하고 내게 흥미롭지도 않은, 수많은 다른 일에 대해서도 의논하고 있었다. 그분들은 우리 집을 사랑하지만, 떠나야 한다고 말씀하셨다. 그분들은 우리나라가 나쁜 나라라며, 부적당한 나라라고 말하기도 하셨다. 그러고서 그분들은 브리오슈에 대해 말을 꺼내자, 나는 움직일 수 없었고, 내 온몸이 굳어지고 두렵기조차 하였다.

"우리는 저 녀석도 여기 두고 떠나야 해요." 그분들은 말씀하셨다.

"저 녀석은 낯선 사람을 보고도 짖지도 않고, 집도 잘 지킬 줄 모르니, 아무 소용이 없어요. 저 녀석은 사료만 축내니, 저 녀석 대신에 다른 개를 데려다 놓는 편이 더 낫겠어요. 하지만 어머니는 개 한 마리 키우기에도 너무 늙으셨어요. 그러시니, 개 두 마리를 키우는 것은 말해 뭐하겠어요."

나는 그 이야기를 끝까지 듣지 못한 채, 내 방으로 달려 들어가, 침대에 푹 쓰러져서는, 그날 저녁부터 잠이 들 때까지 나는 그렇게 울고만 있었다. 나는 불편한 마음으로 잠시 잠들었으나, 여러 번 깼고, 곧장 다시 잠이 들었다.

나는 그날 밤에 수많은 꿈을 꾸었다: 그중에는 황붉은 우리 암소 프란다가 보였는데, 그 암소가 자신의 두꺼운 검정 눈 주변의 털 사이로 나를 아양을 부리듯이 바라보며 서 있고, 또한 벌이 떼를 지어 날면서 우리 암소를 꽃으로 여기며 교태를 부리는 듯하였다. 그 암소는 자신의 상밋빛의, 자신의 큰 혀로 자신의 코를 핥고는, 나를 향해 살짝 웃어 보였다. 나는 꿈에 올하 할머니도 만났는데, 할머니는 큰 사발 그릇에 밀가루 반죽 피를 만드시려고 밀가루를 손으로 으깨고 계셨다. 그 사발 그릇 속의 밀가루 반죽은 늘어나, 불룩하고, 마치 솜사탕 같았다. 할머니의 두 손이 밀가루 반죽 깊숙이, 자신의 팔꿈치까지 푹 집어넣고 있었다. 그 때문인지 그 반죽은 더욱 불룩하게 늘어나고, 크기 또한 커졌다.

나는 꿈에 우리 할아버지도 뵈었는데, 할아버지는 내가 사는 이 세상에서 직접 뵌 적은 없다. 나는 오로지 여러 사진 속에서만 그 할아버지를 뵌 적이 있다. 할아버지는 밭에서 양귀비들을 수확하며 자르고 있었다. 할아버지가 휘두르신 낫에 잘린, 그 편평하게 베어낸 양귀비들이 왼편으로 차례차례 공손하게 쓰러졌다. 할아버지는 나를 한 번 보시고는, 자신이 쓰고 계시던 모자를 벗으시고는, 나를 향해 그 모자를 손짓하며 흔들면서, 유쾌하게 웃으셨다. 할아버지의 누런 금니가 햇빛에 반짝이고 있었다.

 나는 꿈에 엄마 아빠도 만났는데, 그분들은 우리 집 마당의 벚나무 가지에 매어 둔 그네에 나를 태워 흔들어 주셨다. 그네를 타는 나는 그 벚나무 꼭대기를 넘어서까지 그렇게 높이 날아, 나중에는 그네에서 벗어나, 우리 집 지붕 위로 날아가고 있었다.

 나는 두 눈을 감은 채로 따뜻한 풀밭에 누워, 브리오슈가 내 뺨을 핥고 있는 꿈도 꾸었다. 나는 내 미래를, 내 삶이란 내가 원하고, 내가 사랑하는 방식대로 될 것이라고 순진하게 믿으면서, 내 미래를 상상하고 있었다.

 나는 두 눈을 떴다. 부모님이 나를 깨웠고, 2개의 큰 여행용 가방은 벌써 방문 옆의 바닥에 짐이 온전히 가득한 채 놓여 있었다.

 우리 집을 떠나는 날이었다.

 "나는 안 가고 싶어요, 가지 않을 거야!" 나는 갑자기 소리쳤다.

 "나는 브리오슈를 어찌하겠다는 아무 약속을 안 할 거야. 녀석은 착하고, 나는 녀석을 사랑해요. 내가 녀석을 어찌할지는 정말 책임이 있어요. 내가 저 개의 안주인이라고요."

 "모든 것은 잘 될 거야." 식구들이 나를 진정시켰다. "모든 것은 잘 될 거야, 브리오슈는 올하 할머니와 함께 잘 지낼 거야."

 하지만 나는 그분들의 말씀을 믿지 않았고, 이제는 그분들을 믿지 않으리라고 느꼈다. 나는 우리 부모님은 여느 모든 어른처럼 좋은 사람인 것은 알지만, 그분들은 많은 것을 이해하지 못하셨다. 그분들은, 여느 모든 어른처럼, 무엇이 선의이고, 무엇이 악의인지 모르고 있었다.

"나는 아무 데도 가지 않을 거예요. 나는 남아 있을 거야. 저 녀석에게 모든 것이 잘되도록 지켜봐야 해요."

"우리는 돌아올 거야. 우리는 분명 언젠가 돌아올 거야." 엄마는 울먹였다.

"나는 브리오슈가 우리를 기다려 줄 거라고 믿어."

"그런데 우리가 왜 어디론가 가야 해요? 왜 나중에 저 브리오슈가 우리를 기다리도록 누군가를 여기에 남도록 해야 하나요?"

내 방문이 삐거덕하며 열리더니, 방안으로 지팡이에 자신을 의지한 채, 울먹이시며 올하 할머니가 들어오셨다. 할머니는 당신의 팔에 브리오슈를 안고 계셨다. 브리오슈는 활발하게 자신의 꼬리를 흔들고는, 할머니의 품을 떠나 나를 향해 달려와, 나의 뺨을 핥고는, 자신의 얇은 목소리로 짖었다. 그것은 진정한 작별이었다.

10년간 무슨 일이 일어날 수 있는가? 10년이면 정말 모든 것이 완전히 변할 수 있다, 모든 것이, 사랑을 빼놓고는. 그 10년 동안 내 몸은 변했고, 여러 번 나의 머리 묶음과 머리 색깔이 변했고, 내가 선호하는 것과 나의 취향도 변했다. 학교에서 내가 다른 학생들과 소통하던 언어도 변했고, 몇 개의 자전거도 바뀌었고, 우리 거주지도 3번이나 바뀌었다. 하지만, 나는 내 기억이 조금씩 시들어가는 그 고향 집에 대한 내 사랑은 나를 내버려 두지 않았고, 그 사랑은 나를 그렇게 강하게 붙잡고 있었다.

그 사랑은 내 삶에 존재했던 모든 것 중에서도 가장 실재하는 것처럼 여겨졌다.

낮에 온종일 내 사랑인 브리오슈는 새끼 고양이처럼 둥글게 자신의 몸을 만들더니, 내 품 어딘가에 깊숙이 안겨, 그 안에서 조용히 코 골며 자고 있었다. 하지만 밤에는 그 녀석은 내 품을 떠나 자유롭게 지냈다. 내가 두 눈을 감자마자, 곧 꿈에 나는 온화한 빛의 휘광 속에서 올하 할머니를 볼 수 있었다. 할머니가 이 세상에서 가장 미묘하고, 가장 얇은 밀가루 반죽으로 반죽 피를 빚고 있었다. (할머니는 그것을 할 줄 아신다). 또 꿈에 자신의 혀를 내밀고는 나를 만나러 달려오는 브리오슈를 보았다. 또 꿈에 마당에 서 있는 벚나무를, 벚꽃이 활짝 피어 있는 벚나무를, 또 버찌 열매가 많이 달린 벚나무를, 또한 눈 덮인 벚나무를 보았다. 또한, 종소리가 들리면, 그 종소리는 안에서 메아리를 만들어, 그 종의 심장부의 온화한 파동을 통해 또한 종 모양 전체 몸통을 통해 울려 퍼지는 그 종소리로 미사에 참석하라고 사람들을 불러모으는 우리 교회도 보였다.

그런 일들이 지나간 그 10년은, 그것들은 독자 여러분에게는 참을 수 없을 만큼 길지만, 어떤 일의 계산을 끝내고, 여러분이 그 숫자를 말할 때면, 여러분은,

실제로 이 모든 것은 환상이었음을, 시간의 뭔가의 비틀림일 뿐이라고 확인해 볼 수 있다. 왜냐하면, 지금에야 여러분은 그 10년이라는 세월이 한순간임을 알게 된다. '아마 내 사랑 또한 환상일까?' 나는 생각했다. '아마 그 세계는 온전히 존재하지 않았고, 아마 나는 이 모든 것을 꿈꾸기만 하였던가?'

그런데, 그때 나는 올하 할머니가 내게 보내주신 편지들이 가득한 서랍에 다가가, 고요하게 숨을 내쉬었다. "이건 실세로 벌어신 일이거는."

우리는 정말 고향 집으로 돌아왔다. 길지는 않았지만, 돌아왔다. 10년이 마치 한순간처럼 지나갔고, 이제 나는 다시 여기 와 있다. 올하 할머니는 중병을 앓고 계신다. 엄마는 침대에 누워계시던 할머니를 일으켜 세워 앉을 수 있도록 부축해 주었다. 할머니는 나를 보고는, 내 볼에 입 맞추고, 울먹이고, 그동안 어찌 지냈는지 물으셨다. 나는, 대답 대신에, 할머니께 여전히 밀가루 반죽 피를 만드시는지 여쭈었다. 할머니는 눈가에 눈물을 흘리시면서도 웃으셨다.

"이제는 이 할미가 크리스마스날 저녁을 위해 반죽 피를 만들 수 없겠구나."

할머니 모습은 많이 변해 있었다. 얼굴은 주름이 가득해, 마치 말라버린 배를 보는 것 같고, 할머니의 두 손은 내가 기억하던 옛날처럼 그렇게 빠르지도 아름답지도 않았다. 나는 이 모든 것을 보고 싶지도 않고, 듣고 싶지도 않아, 나는 두 눈을 감아버렸다. 그때 내 눈에는 할머니가 밀가루 반죽 피를 만들기 위해 반죽

하며, 솜사탕 같은 하얀 밀가루 반죽을 여전히 하시는 모습만 보였다.

"너는 벌써 이렇게 훌쩍 컸구나." 올하 할머니는 떨리는 음성으로 그렇게 말씀해 주셨다.

"이 할미가 네가 자라는 모습을 보지 못해 정말 아쉽구나, 나는 모든 것을 지나쳐버렸구나, 소뇨야. 나는 모든 것을 지나쳐버렸구나."

"정말 지나치신 분은 할머니가 아니세요." 나는 말했다. "지나친 이들은 정말 저희였어요." 그 말만 하고 나는 그 방을 나와 버렸다.

바깥은 좀 차가웠고, 나는 내 자켓의 옷깃을 세운 채, 내 두 눈에 흐르는 눈물을 닦고, 내 앞을 바라보았다. 바로 그때야 나는 우리 집에 원래 있던 벚나무도 그 자리에 없음을 알아차렸다.

"올하 할머니께서 저 나무가 고목이 되어 말라버렸다고 말씀하시길래, 내가 어쩔 수 없이 저 나무를 도끼로 잘라냈어." 그 벚나무 그루터기 위로 내 눈길이 얼어버린 채 있음을 알고서 아빠가 그렇게 말씀하셨다.

그리고 바로 그 순간, 내게는 갑자기 추측이 하나 떠올랐다. 그럼, 내가 어찌 그걸 잊을 수 있었겠는가? 나는 주위를 둘러보았다.

"브리오슈! 브리오슈!"

나는 집 주위를 뛰어다녔다.

"브리오슈!"

나는 그 녀석이 살던 집을 향해 달려갔다. 마당의 그 개집 옆에는 개 줄 하나가 놓여 있었다. 그리고 나는 그 개집 안을 들여다보았다.

"브리오슈!"

"소뇨야." 아빠가 내게 다가왔다.

"브리오슈는 이제 여기에 없단다."

"그럼, 그 개가 어디 있어요?"

"그 개가 저 개 줄을 잘라, 어디론가 내뺐어. 어디에서도 찾아내지 못했어. 그것은 여느 개에게나 있을 수 있는 일이야."

"아빠는 어떻게 아세요?"

올하 할머니께서 한때 편지로 알려주었단다.

"그럼 그 개가 내뺐나요, 아니면, 아빠가 한때 계획한 대로 그 개를 없애버리셨나요?" 나는 울먹였다.

"소뇨야, 10년이 지난 일이야. 그게 지금 중요해?"

아빠는 집 안으로 들어가 버렸다. 열린 출입문을 통해 올하 할머니의 기침하는 소리를 들을 수 있었다.

"정말로 그걸 지나친 것은 할머니가 아니라, 정말 저희예요." 나는 혼자 말했다.

나는 내 두 눈을 감고, 고개를 들어 하늘로 향했다. 태양이 내가 감은 눈꺼풀을 통해 들어왔다. 그리고 벌써 나는 그 따뜻한 풀밭에 이미 누워 있고, 브리오슈가 내 뺨을 핥고 있었다. 그때, 여름과 브리오슈를 향한 내 사랑이, 이미 오래전에 없어져 버린 모든 것에 대한 사랑이 나에게 어찌나 넘쳐나게 하는지를 느낄 수 있었다.

나는 다시 당시로 돌아가, 그 당시의 소녀가 되어, 아무 걱정 없이, 기쁨으로 충만한 그 당시의 소녀가 되어 있었다. 하지만 이제 나는 미래에 대한 꿈을 꿀 수 없다.

나는 여름날 풀밭에 누워, 당시의 어른들을 생각해 보고는(그분들이 정말 어찌나 순진한 사람들인가) 나 자신이 놀랐다. 그분들은 뭐든지 그 속에 이익이 있어야만 하고, 또 사랑 속에서조차도 그분들은 이익만 찾고 있었다.

그러나 사랑이란 그러한 것이 아니다.

사랑은 이익을 주지 않고, 사랑은 행복을 준다.(*)

Brioĉjo

Mi nomis ĝin Brioĉjo. Kiam paĉjo alportis ĝin, ankoraŭ tute malgrandan hundidon, ĝi estis tia blanka kaj lanuga, simila al tiuj rondflankaj brioĉoj, surŝutitaj per pulvorsukero, kiujn avinjo Olha bakas por Kristnaska vespero. Tiu brioĉa nomo venis al mi tuj, kiam mi ekvidis ĝin, Brioĉjon, kaj la nomo estis konforma al ĝi tiel bone, ke eĉ ŝajnis, ke komence aperis la nomo kaj poste la hundo, ĝuste tia por plej bone kongrui kun tia nomo. Kiam Brioĉjo estis kuranta, ĝi ŝajnis esti ne hundo, sed malgranda buleto da felo, kiu ruliĝas ĝuste en miajn manojn. En tiaj momentoj mi simple falis surgenuen kaj akceptis ĝin en miajn brakojn. Tiam mi unuafoje komprenis, ke feliĉo ne estas iu abstrakta koncepto, ĝi povas havi konkretan formon, koloron kaj eĉ povas mordi.

Mi estis sepjara kaj estis sola infano ne nur en la familio, sed sur nia tuta strato. La vivo ŝajnis maljusta al mi. Mi sidis dum horoj sur fenestrobreto de mia ĉambro, observante kokinojn, vagantajn sur la herbo, serĉante ion manĝeblan en ĝi, nubojn, kiuj, flosante super nia domo, konstante ŝanĝis sian formon, pluvogutojn, kiuj dispeciĝis, frapante mian fenestron, kaj poste humile fluis malsupren por malaperi por ĉiam for de mia vidkampo, por transformiĝi en simplan akvon sub la piedoj. Do ĉiutage mi havis multajn aferojn por fari, centojn da objektoj por kontempli, kaj mi devis fari ĉion mem. Mi havis ja neniun fraton aŭ fratinon por dividi ĉion ĉi, por batali kontraŭ iu pro ludiloj, por interŝanĝi vestojn, por ludi familiajn dramojn en la domo, kompilita el pecoj de la konstruludo, neniu apudis, ekzistis nur mi kaj la mondo malantaŭ la vitro de mia fenestro. Ĉio aliiĝis, kiam ĝi aperis: blanka, varma kaj ia simple nereale belega, ĝuste kiel ĉiu infana revo. Brioĉjo distris min de kontemplado, memorigante, ke ekzistas ne nur tiu ekstera mondo kun ĉiuj siaj mirindaĵoj, sed ekzistas ankaŭ tiu en la ĉambro kaj tiu, kiu estas eĉ pli profunde, ie en mi, ĝi pulsas kaj ĝi estas ne malpli interesa. Ĝojo naskiĝis en mi, kreskis, fariĝis birdo, kiu svingetis siajn flugilojn pro ĝojo kaj impetis eksteren per laŭta rido.

La tagoj longe pasadis, la vivo, kiu atendis min en la estonto, ŝajnis eterneco. Venis somero. Mi kaj Brioĉjo kuŝis sur la varma herbo, ĝi

Iekis mian vangon, mi sentis, kiel min superplenigas amo, amo al ĉio ĉirkaŭanta min, sed pleje al somero kaj Brioĉjo. La suno penetris tra miaj fermitaj palpebroj, kaj nun en la milda rozkolora brilo aperis imagoj pri mi kiel plenkreskulino, alta kaj ridetanta, kiu mem stiras aŭton kaj verkas librojn. Post kiom da jaroj okazos ĉi tiu adoltiĝo, ĉu dek, ĉu dudek? Mi ne sciis, kaj tio ne estis la ĉeta afero, tiuj tempoperiodoj estis tro longaj por pripensi tion serioze. La ĉefa afero estis imagi, revi, plani. Vera realeco kreiĝas en mia kapo, mi estas certa pri tio. En miaj fantazioj mi estis alia, ne tia kiel nun, sed mi imagis mian domon same tia, ĝuste tia devus esti mia korto, la longbranĉa nuksoarbo sur ĝi (ĉar nur ĝi kapablas doni tian densan kaj vere savigan ombron somere), la ĉerizarbo antaŭ la fenestro, eĉ tiu herbo kaj suno, ĉio devis resti sialoke, kaj tio estis grava. Mi eĉ ne dubis, ke Brioĉjo estos ĉiam kun mi.

Brioĉjo kreskis kiel neordinara, tre bonkora kaj karesema hundo, ĝi neniam bojis kontraŭ fremduloj, nur svingis sian voston paceme, vidante fremdulon la unuan fojon, kaj tion mi pleje ŝatis en ĝi. Sed la gepatroj kaj avinjo

Olha havis alian opinion. Ili diris, ke Brioĉjo estas fuŝa hundo kaj ke la nebojado ne estas normo por hundo, ili prenis ĝin por bojado, hundo ja devas gardi la domon. Mi koleris kaj ofendiĝis pro iliaj vortoj, larmoj inundis miajn okulojn, mi rigardis mian Brioĉjon, sed vidis nur blankan svagan makulon. Plenkreskaj homoj povas esti vere ridindaj, mi pensis, ili ne komprenas evidentajn aferojn, ili konfuzas virtecon kun pekeco.

Mi sentis iun anstataŭigon de konceptoj, kvankam tiam mi eĉ ne povis esprimi tion per vortoj. Kiel oni ne povas ami iun pro ties bonkoreco? Absurdeco de la mondo penetris al mi tra barikadoj de mia infaneco, frapis per masiva ramo miajn murojn, la muroj krevis, kaj kelkloke la brikoj disrompiĝis, formante truojn. Mi febre provis savi min, fermadis la okulojn kaj submetis mian vizaĝon al la suno, vane esperante rememori tiun senton de feliĉego pro herbo sub mi, pro varma hunda lango sur mia vango kaj pro bildoj sub la rozkoloraj palpebroj. Estu ĉiam tiel, ĉiam, mi flustris al mi mem, sed tio ne plu estis, io malagrabla en mi malkvietigis min, proksimiĝante al mia gorĝo, mi malfermis la okulojn, kaj Brioĉjo denove fariĝis blanka svaga makulo. En nia loĝloko hundoj ne povis esti nur por infana feliĉo, ili devis gardi la domon kaj mi konis tion, mi bone konis tion. Iu stranga maltrankvileco kreskis en mi, iu antaŭsento de ŝanĝoj, kiun mi ankoraŭ ne komprenis, ĉar mi neniam spertis ilin en mia vivo, tiujn ŝanĝojn. Sed ŝanĝoj estas tiaj, ili ne atendigas sin longe.

Mi ne memoras, kiu el ili diris tion, ĉu panjo aŭ paĉjo, tiuj vortoj ŝajnis esti nenies, ili flugis el ies buŝo kaj preterflugis min tra la ĉambro, vantaj, sensencaj vortoj, kiuj signifis nenion por mi. Ĉar kion povas signifi por sepjara infano la vortoj, ke ni forveturos ien, por longe, por tre longe.

– Kaj kio okazos al avinjo Olha? – mi rigardis ilin – kaj kio okazos al Brioĉjo?

Strangaj estas tiuj plenkreskuloj, mi pensis, ja mi estas fantaziulino kaj povas elpensi ĉiajn nereale mojosajn aferojn, kaj ili ŝajne povas elpensi eĉ pli malrealajn aferojn.

– Ili restos, kaj ni iam revenos al ili ĉi tien.

– Kiam? – mi demandis ne flankiĝante de la ludo kun Brioĉjo.

– Iam ... kiam vi adoltiĝos – ial balbute diris

panjo.

Mi ne plu demandis, tio ne estis interesa por mi, estas ja logike, ke tio ne povas esti interesa por oni, kion oni ne ŝatas tion.

La aŭtuno malvarmiĝis ĉiam pli kaj pli, kaj jam delonge ne eblis kuŝi sur la herbo. Brioĉjo plenkreskis kaj nun estis vere adolta hundo, mi almenaŭ pensis tiel. Ĝi ŝanĝiĝis, ĝia mallonga muzeleto plilongiĝis, ankaŭ ĝiaj oreloj kreskis iom kaj nun ridinde fleksiĝis kaj falis kiel anguletoj antaŭen. Ĝi kuris tiel rapide kaj saltis tiel alte. Mi vere fieris pri ĝi. Nur unu eco ne ŝanĝiĝis en ĝi, ĝi daŭre ne bojis kontraŭ fremduloj. Kaj mi plu ŝatis tion en ĝi pleje.

Iun sensunan tagon, paĉjo alportis hejmen du valizojn, ili estis tiom grandaj, ke en unu el ili, kiam neniu estis en la ĉambro, mi kun Brioĉjo lokiĝis tien, kaj tie eĉ restis iom da libera spaco. Mi karesis ĝian kapon, kaj ĝi rigardis min per siaj grandaj humidecaj okuloj, ĝi fidis min, mi sciis tion kaj pleje en la mondo mi timis rompi tiun fidon. Mi estas ĝia mastrino, ĝuste mi, tion pacjo diris al mi, kiam li alportis ĝin en la manoj de sia onklo de alia flanko de la vilaĝo.

Kaj kiel mi estas feliĉa, ke bonŝance mi estas

kun ĝi, kun mia hundo, paĉjo elektis ĝin, blankan kaj lanugan, el la aro de la samaj blankaj kaj lanugaj hundidoj, elektis hazarde kaj ne konjektis, ke li ricevis la plej bonan, la plej bonkoran hundon, kiu neniam bojos kontraŭ iu, des pli ne mordos iun. Mi plu karesis Brioĉjon, ĝi atente rigardis al mi en la okulojn, hodiaŭ ĝi estis nekutime trankvila. Poste venis la gepatroj kaj ni devis forlasi nian valizon. Brioĉjo estis forigita eksteren, ja ne decas por hundo sidi en la domo.

Iutage mi aŭdis la plenkreskulojn interparoli. Ili parolis pri foriro. Ili parolis pri nia lando kaj kiel malfacile oni vivas ĉi tie, ili parolis pri prezoj, salajroj kaj multaj aliaj aferoj, kiuj estis nekompreneblaj kaj neinteresaj por mi. Ili diris, ke ili amas sian hejmon, sed devas foriri. Ili diris, ke nia lando estas malbona, ĝi estas sentaŭga. Kaj poste ili ekparolis pri Brioĉjo kaj mi senmoviĝis, ĉio en mi kunpremiĝis, ektremis. "Ni devos forlasi ĝin – ili diris. – Ĝi ne bojas kontraŭ homoj, ĝi ne gardas la domon, ĝi senutilas, ĝi nur vane konsumas manĝaĵon, prefere estus preni alian hundon anstataŭ ĝi. Panjo estas tro maljuna por nutri unu hundon, eĉ ne parolante pri du". Ne aŭskultinte la finon, mi enkuris la ĉambron, falis sur la liton kaj ploris tiel dum la tuta vespero ĝis la ekdormiĝo. Mi dormis malkviete, vekiĝis plurfoje, sed tuj denove ekdormiĝis. Mi vidis multe da sonĝoj en tiu nokto, en kiuj estis nia flavruĝa bovino Franda, ĝi kokete rigardis min el sub siaj dikaj nigraj okulharoj, kvazaŭ flirtante, abelsvarmo flugis super ĝi kvazaŭ super floro. Ĝi lekis sian nazon per sia granda rozkolora lango kaj ridetis al mi. Mi sonĝis avinjon Olha, kiu knedis paston por pastopoŝetoj en granda bovlo. La pasto en tiu bovlo estis pufa kaj blanka, kiel sukera vato, la manoj de avinjo plonĝis en la paston ĝiskubute, pro kio la pasto iĝis pli pufa kaj pli granda. Mi sonĝis mian aveton, kiun mi jam ne estis trafinta ĝustatempe en ĉi tiu mondo, mi vidis lin nur sur fotoj. Li falĉis papavojn en la legomĝardeno. La papavoj falis obeeme per la plataj falĉaĵoj maldekstren de li. Aveto ekvidis min, demetis sian ĉapelon kaj svinge signalis al mi per ĝi, gaje ridetante. Liaj flavaj metalaj dentoj brilis pro la suno. Mi sonĝis panjon kaj paĉjon, ili lulis min per ŝnura balancilo, kiu estis fiksita al branĉo de nia ĉerizarbo en la korto. Mi flugis tiel alten, super la ĉerizarbo mem, ĝis mi defalis de la balancilo kaj flugis super nia domo. Mi sonĝis, ke mi kuŝas sur la varma herbo, ferminte la okulojn, Brioĉjo lekas mian vangon, kaj mi imagas mian estontecon, naive kredante, ke la vivo povas esti tia, kiel mi volas, kiel mi amas ĝin.

Mi malfermis la okulojn. Miaj gepatroj vekis min, kaj du grandaj valizoj staris pakitaj surplanke apud la pordo. Estis tempo por foriri.

– Mi ne volas, mi ne iros! – mi subite kriis – mi ne permesos, mi ne permesos fari ion al Brioĉjo! Ĝi estas bona, mi amas ĝin. Mi ja respondecas pri ĝi, mi estas ĝia mastrino.

– Ĉio estos bona – oni trankviligis min. – Ĉio estas bona. Brioĉjo restos kun avinjo Olha.

Sed mi ne kredis ilin, mi sentis, ke mi ne kredu al ili. Mi sciis, ke miaj gepatroj estas bonaj, sed same kiel ĉiuj plenkreskuloj, ili multon ne komprenas. Ili, same kiel ĉiuj plenkreskuloj, ne scias, kio estas bona kaj kio estas malbona.

– Mi ne povas iri ien ajn, mi devas resti, mi devas atenti, por ke ĉio estu bone al ĝi.

– Ni revenos, ni certe revenos iam – panjo ploris – mi kredas, ke Brioĉjo atendos nin.

- Sed kial ni iru ien ajn? Kial ni lasu iun por atendi ĝin poste?

La pordo knaris, kaj la ĉambron, apogante sin sur bastono, eniris ploranta avinjo Olha. Surbrake ŝi portis Brioĉjon. Brioĉjo vigle svingis sian voston kaj impetis al mi, ĝi lekis mian vangon kaj jelpis per maldika voĉo. Tio estis vera adiaŭo.

Kio povas okazi dum dek jaroj? Ja io ajn. Dum dek jaroj ĉio povas plene ŝanĝiĝi, ĉio, krom amo. Dum tiuj dek jaroj ŝanĝiĝis mia korpo, plurfoje ŝanĝiĝis miaj hararanĝo kaj harkoloro, miaj preferoj kaj ŝatokupoj, la lingvo, per kiu mi komunikiĝis en la lernejo, kelkaj bicikloj, trifoje estis ŝanĝita mia loĝloko, sed mia amo al la loko, pri kiu memoro velkiĝis iom post iom, ne lasis min, ĝi tenis min tiel forte, ke ĝi ŝajnis la plej reala el ĉio, kio estis en mia vivo. Dumtage mia amo buliĝis kiel katido, ie profunde en mi, kaj tie ĝi mallaŭte ronronis. Sed nokte ĝi donis al si liberecon. Tuj kiam mi fermis la okulojn, mi vidis avinjon Olha en aŭreolo de milda lumo, knedantan pastopoŝetojn el la plej delikata, la plej maldika pasto en la mondo (ŝi scipovis tion); Brioĉjon, kiu, elŝovinte sian langon, kuras renkonte al mi: la ĉerizarbon surkorte, la ĉerizarbon florantan, la ĉerizarbon kun fruktoj, la neĝokovritan ĉerizarbon; nian preĝejon, kiu kunvokas homojn al la diservo per sonorilo, per la sonorilo, kiu reeĥis interne kaj disvastiĝis per agrablaj ondoj de la koro kaj tra la tuta korpo. Dek jaroj, kiam ili pasas, ili ŝajnas al vi neelteneble longaj, sed kiam la kalkulo finiĝas kaj vi laŭte diras ĉi tiun nombron, vi konstatas, ke fakte ĉio estis iluzio, iu distordo de la tempo, ĉar nur nun vi rimarkas, ke dek jaroj estas nur momento. "Ĉu eble ankaŭ mia amo estas iluzio? - mi pensas - Eble tiu mondo tute ne ekzistas, eble mi nur sonĝis ĉion?" Sed tiam mi venis al la tirkesto plena de leteroj de avinjo Olha kaj elspiris trankviliĝante: "Ĝi estas reala".

Ni vere revenis hejmen, ne por longe, sed revenis. Dek jaroj pasis kvazaŭ momento, kaj jen mi estas denove tie ĉi. Avinjo Olha estas grave malsana. Panjo helpas ŝin leviĝi, por ke ŝi sidiĝu surlite. Avinjo kisas min, ploras, demandas, kiel mi fartas, kaj mi ial, anstataŭ respondi, demandas ŝin, ĉu ŝi plu faras pastopoŝetojn. Avinjo nur ridas tra siaj larmoj:

- Mi jam ne knedos ilin ĉi-jare por la

Kristnaska vespero.

Avinjo multe ŝanĝiĝis, ŝi estas faltoplena, kiel sekigita piro, kaj ŝiaj manoj tute ne estas tiel rapidaj kaj belaj, kiel mi memoras ilin. Mi ne volas vidi ĉion ĉi, mi ne volas aŭdi, mi fermas la okulojn kaj vidas nur la blankan paston, similan al sukera vato, kiun mia avinjo knedas por fari pastopoŝetojn.

- Vi estas jam tiel granda - diras avinjo Olha per tremanta voĉo - kiel estas domaĝe, ke mi ne vidis vin kreski, mi ĉion preterlasis, Sonjo, mi ĉion preterlasis.

- Ja ne vi preterlasis, avinjo - mi diras. - Ja ni preterlasis tion - kaj mi forlasas la ĉambron.

Estas malvarmete ekstere, mi levas la kolumon de mia jako, viŝas miajn larmojn, rigardas antaŭ mi kaj nur ĵus mi konstatis, ke la ĉerizarbo forestas.

- Avinjo Olha diris, ke ĝi velksekiĝis kaj mi estis devigita forhaki ĝin - diras paĉjo, kiu kaptas mian glaciĝintan rigardon sur la arbostumpon.

Kaj en tiu momento min penetras subita konjekto. Certe, kiel mi povis forgesi? Mi ĉirkaŭrigardas:

- Brioĉjo! Brioĉjo!

Mi kuras ĉirkaŭ la domo:

- Brioĉjo!

Mi kuras al la hundujo, apud kiu estas ĉeno sur la tero, mi rigardas enen:

- Brioĉjo!

- Sonjo - paĉjo alproksimiĝas al mi - Brioĉjo ne plu estas tie ĉi.

- Sed kie ĝi estas?

- Ĝi elĉeniĝis, forkuris kaj ie malaperis. Tio povas okazi kun hundoj.

    - Kiel vi scias?

- Avinjo Olha iam skribis.

- Ĉu ĝi forkuris, aŭ ĉu vi forigis ĝin, kiel vi iam planis? - mi ploras.

- Sonjo, dek jaroj pasis, ĉu tio gravas nun?

Paĉjo revenas hejmen. Tra la malfermita pordo mi aŭdas avinjon Olha tusi. "Ja ne vi, avinjo, ja ni preterlasis tion" - mi diras al mi mem. Mi fermas la okulojn, levas la kapon al la ĉielo. La suno penetris tra miaj fermitaj palpebroj. Kaj jen mi jam kuŝas sur la varma herbo, Brioĉjo lekas mian vangon. Mi sentas, kiel min superplenigas amo al somero kaj Brioĉjo, amo al ĉio, kio jam delonge forestas. Mi estas denove tiu knabineto, senzorga kaj ĝojoplena, nur nun mi ne havas fantaziojn pri la estonto.

Mi kuŝas sur la herbo ensomere kaj min mirigas tiuj plenkreskuloj (kiaj naivaj ili ja estas), ili pensas, ke de ĉio devas esti iu profito, eĉ en amo ili serĉas ĝin, sed amo ne estas tia, ĝi ne donas profiton, amo donas feliĉon.

2. 검댕이 일꾼

　어느 날, 한 남자가 들판의 따뜻한 풀 위에 휴식하러 누워 있었다. 그렇게 누워 그는 주변 풍경에 감탄하며 따뜻한 여름날을 기뻐했다.

주변에는 곤충들이 앵앵거렸고, 태양은 그의 살갗을 다정하게 따뜻하게 해 주었다.

남자의 영혼은 고요하고 편안했고, 이미 졸음도 오는 느낌이었는데, 갑자기 주위에서 이상한 소리가 들려왔다. 그는 자신의 주변을 돌아보았다. 아무도 없었다. 그는 자리에서 일어나 살펴보았지만, 아무도 보이지 않았다. 그는 다시 풀밭에 눕자, 무슨 소리가 다시 들려왔다. 남자는 유심히 들어보니, 그 소리가 자신의 주위에서 나는 것이 아니라, 저 아래, 저 땅속에서 나는 것임을 알게 되었다.

그는 자신의 한쪽 귀를 따뜻한 풀에 대고 가만히 있어 보았다. 그러자, 뭔가 두들기는 소리가 들렸고, 저 땅의 깊숙한 곳 어딘가에서 툭툭 치는 소리가 들렸지만, 그 소리에는 두드리는 소리와 함께, 마음이 여러 갈래로 찢을 질 정도로, 또 눈물이 두 눈에 그렁그렁할 정도로, 그렇게 무거운 한숨을 내쉬는 소리도 들려왔다.

"거기, 누구요, 당신은 어찌 그곳에 들어갔어요?"

남자가 그 소리 나는 땅을 내려다보며 말했으나, 그 땅은 마치 벙어리처럼 아무 반응 없이 조용했다.

"거, 누구요?"

그가 되풀이했다.

"저는 검댕이 일꾼이거든요."

저 아래서 무슨 목소리가 들려왔다.

"나는 평생 이곳 감옥에 갇혀 힘든 일만 해왔어요. 저는 진짜 세상을 보지 못했고, 진짜 세상이 어찌 생겼는지 알지도 못하고 기억도 나지 않아요. 제 피부는 까맣게 되어버렸고, 제 마음은 딱딱해져 버렸고, 제 등은 굽은 채 있어요."

그 말을 들은 남자는 땅속의 그 검댕이 일꾼을 생각하니 너무 불쌍해, 자신이 울음을 터뜨리고는 자신의 눈물을 풀에 숨길 정도였다.

"슬퍼하지 말아요, 검댕이 일꾼."

남자가 다시 외쳤다.

"내가 당신을 진짜 세상으로 나오도록 도와주겠어요. 곧 당신은 신선한 공기를 마실 수 있고, 곧 당신 어깨를 바로 세우고, 자애로운 태양 아래서 따뜻함도 느낄 수 있어요."

남자는 서둘러 집으로 가서 삽을 들고 돌아와서는 구덩이를 하나 파기 시작했다. 남자는 온종일 팠고, 이튿날에도 팠다. 남자는 도중에 여러 번 기진맥진해 땅에 쓰러지기도 했다. 그러나 검댕이 일꾼의 무거운 한숨 소리를 듣자, 그는 자신의 피곤함을 곧장 잊고는, 다시 땅 파는 일에 집중했다.

검댕이 일꾼도 자기 쪽에서 딱딱한 땅을 파서 길을 내기 시작했다. 그 두 사람은 그 일에 온갖 힘을 쏟아부어도, 며칠이나 걸렸다.

마침내 그 두 사람은 그곳의 땅을 서로 연결시켰다. 남자는 저 땅 아래 보이는 검댕이 일꾼의 여린 검정 손을 잡았다. 남자가 마침내 검댕이 일꾼을 그의 지옥에서 꺼내 주었다. 남자는 어린아이처럼 기뻐했고, 저 증오의 땅을 파헤쳐 나온 검댕이 일꾼의 몸을 깨끗하게 털어주었으며, 그에게 마음껏 물을 마시도록 해주었고, 빵도 실컷 먹게 했다.

그 두 사람은 나무 옆의 구덩이 근처에 앉았다. 남자는 이 세상에 대해 아무 기억조차 없는 검댕이 일꾼에게 이 세상에서 무슨 일이 일어나고 있는지, 진짜 세상을 보여주려는 열망이 대단했다.

"아, 얼마나 반가운 신선한 바람인가!" 남자가 검댕이 일꾼에게 말했다. "날씨가 바뀐답니다. 곧 비가 좀 오겠네요."

"바람이 반갑기는 하지만, 썩 그렇지도 않네요."

검댕이 일꾼이 얼굴에 주름살을 지우면서 말했다.

"좀 전에는 따뜻했는데, 지금은 이미 춥네요. 당신이 있는 이 땅에서는 모든 것이 너무 빨리 바뀌네요. 하지만 저 땅 아래 내가 사는 곳의 기온은 언제나 똑같고, 그곳에 당신이 있다면 땀도 흘리지 않을 것이고, 추위도 느끼지 않을 것이고, 그것들이 당신에겐 놀람이 아닐 겁니다. 모든 것은 간단하고 이해될 수 있어요."

"저 하늘을 봐요, 얼마나 아름다운지!"

남자는 비가 그친 하늘에 나타난 무지개를 가리켰다.

"저게 얼마나 아름다운지는 그대로 놔두세요. 하지만 나는 하늘을 올려다보기가 아주 싫어요. 이곳은 모든 것이 밝고 눈부시니, 사람들이 이 모든 것 때문에 여전히 시력을 잃지 않은 게 놀랍군요. 내 눈이 당신들의 저 밝은 빛 때문에 아플 지경입니다. 하지만 내가 사는 이 땅 아래의 그곳은 다릅니다. 저 멀리 바라볼 필요도 없고, 잘 보려고 눈을 집중할 필요도 없지요.
나는 내 앞에 있는 일만 하면 되니, 내가 그것만 보면
되지요."

그런 말에도 남자는 아무 말도 대꾸를 하지 않고, 나
중에 그는 다시 자신의 말을 이어갔다.

"저 꽃들이 당신 주위에서 얼마나 아름답게 자라고
있는지를 한 번 보세요. 고개를 숙여 향기를 맡아 봐
요. 당신이 오랫동안 그런 내음을 맡지 않았음은 분명
하게 여겨지니."

"아, 아닙니다. 감사합니다. 나는 고개를 숙이지 않아
도 냄새를 맡을 수 있어요. 향기가 내겐 너무 진해요.
그런데 지하의 내가 사는 곳에서는 그런 진한 향기는
존재하지 않아요. 땅과 돌은 언제나 똑같은 냄새를 갖
고 있으니, 나는 그 냄새만 익숙해 있지요."

그러자, 남자는 검댕이 일꾼의 말에 다시 한번 놀랐
다가, 자신의 어깨만 한번 으쓱하는 시늉을 했다.

"이 새 옷으로 갈아입어요. 그러고 우리는 더 멀리
가 봐요. 당신에게 이 땅의 더 위대한 아름다움을 보
여주고 싶어요."

검댕이 일꾼은 옷을 갈아입었지만, 그 남자를 따라가
지 않고 다시 나무 곁에 가서 앉아 버렸다.

"무슨 일인가요?" 그 남자가 물었다. "왜 나를 따라
오지 않으려 하나요?"

"착한 사람, 당신이 준 새 옷이 내겐 아주 불편해
요."

검댕이 일꾼은 자신의 이마를 찌푸리면서 대답했다.

"이 옷은 꽉 끼여, 내 살갗에 닿아요. 하지만 내가 입고 있던, 저 못생겼지만 헐벗은 옷은 가볍고 꽉 끼지도 않으니, 잠도 잘 자고 그 옷을 입고 편하게 일해요."

"그건 별로 중요하지 않아요. 당신은 곧 새 옷에 익숙해질 거요. 그러고 우리나라 풍습에 당신이 익숙해질 필요도 전혀 없어요. 그 점이 우리 모든 사람에겐 아주 아름답고 호의적이지요. 당신이 이 땅 위에서 좋은 길을 찾을 절호의 기회가 생겼으니, 당신은 더는 검댕이 일꾼이 아니어도 됩니다. 이제부터 당신은 사람입니다. 그러니, 여기서 기다리기만 해요. 내가 집에 달려가서 당신에게 맞는 신발을 가져다주겠어요. 우리는 함께 이 땅의 아름다움을 충분히 보고, 당신이 자유를 충분히 즐기려면 저 멀리 다른 나라에도 가볼 수 있을 겁니다."

남자가 서둘러 신발을 가지러 집으로 달려갔다가, 조금 뒤 다시 돌아왔으나, 남자는 그 나무 부근에서 검댕이 일꾼을 찾지 못했다. 남자는 그가 어디로 사라졌는지 이해하지 못했고, 그래서 그는 자신의 두 손에 신발을 들고 걸어가면서, 사방으로 그를 부르며 소리쳤다. 그러나 검댕이 일꾼의 대답은 들리지 않았다.

남자는 검댕이 일꾼을 부르는 것을 멈추고, 그 검댕이 일꾼을 꺼내 준, 파낸 구덩이로 되돌아 왔다.

신선하게 파인 그 땅 옆에는 검댕이 일꾼이 벗어 놓은 새 옷이 놓여 있었다. (*)

Fabelo pri la Nigra Bagnulo

Unu tagon viro kuŝiĝis sur la varman herbon en la kampo por ripozi. Tiel li kuŝadis kaj admiris la pejzaĝon, kaj ĝojis pri la varma somero. Ĉirkaŭe insektoj zumadis, kaj la suno agrable varmigis lian haŭton. Estis kviete kaj bone en la animo de la viro, kaj li jam sentis dormemon, kiam li subite ekaŭdis strangajn sonojn. Li retrorigardis – neniu estis, li leviĝis, sed tamen neniun vidis. Li kuŝiĝis sur la teron denove kaj aŭdis ion denove. La viro fiksaŭskultis, ĝis li komprenis, ke la sonoj venis ne de ie ajn, sed de sube, de sub la tero. Li alpremis sian orelon al la varma herbo kaj senmoviĝis. Do, io frapas kaj batas tie en la profundo de la tero, sed ne nur frapas, sed ankaŭ ĝemas, kaj tiel peze, ke la koro disŝiriĝas je pecoj, kaj larmoj plenigas la okulojn. Ankaŭ la viro frapis la teron per sia pugno, kaj tiel forte, kiel li nur povis.

– Kiu vi estas kaj kiel vi trafis tien? – la viro kriis al la tero, sed la tero silentis kvazaŭ muta. – Kiu vi estas? – li ripetis.

– Mi estas la Nigra Bagnulo – aŭdiĝis el sub la tero. Dum mia tuta vivo mi laboras peze ĉi tie en mallibero, mi ne vidas la veran mondon, mi ne scias aŭ ne memoras, kiel aspektas tiu vera mondo. Mia haŭto nigriĝis, mia koro malmoliĝis, mia dorso fleksiĝis.

La viro kompatis la Nigran Bagnulon, kaj tiel kompatis, ke li ekploris, kaŝante siajn larmojn en la herbo.

– Ne ĉagrenu, Nigra Bagnulo – la viro kriis denove – Mi liberigos vin en la realan mondon, baldaŭ vi enspiros puran aeron, baldaŭ vi rektigos viajn ŝultrojn, baldaŭ vi varmiĝos sub la karesa suno. La viro impetis hejmen por preni fosilon, revenis kaj komencis fosi la kavon. La viro fosis dum unu tago, fosis dum la dua, falis sur la teron plurfoje senfortiĝinta, sed kiam li aŭdis pezan ĝemadon de la Nigra Bagnulo, li estis forgesinta tuj pri sia laciĝo kaj denove okupiĝis pri sia laboro. Ankaŭ la Nigra Bagnulo fosbatis la malmolan teron de sia flanko. Ili fordonis multajn fortojn al tiu laboro, multajn tagojn, kaj finfine ili penetris tra la tero unu al la alia. La viro kaptis nigran maldikan manon, kiu aperis el sub la tero kaj tiris ĝin al si. Li eltiris finfine la Nigran Bagnulon el lia infero. La viro ĝojis kvazaŭ etulo, purigis de la abomeninda tero la Nigran

Bagnulon, donis akvon por li sattrinku, donis panon por li satmanĝu. Ili sidiĝis proksime al la kavo apud la arbo, la viro deziregis montri al la Nigra Bagnulo la veran mondon, kiun tiu eĉ ne memoris, deziregis rakonti, kio tie okazas.

- Ho, kia agrabla freŝa venteto ⁻ diris la viro al la Nigra Bagnulo - la vetero ŝanĝiĝas, baldaŭ pluvos iomete.

- Ĝi estas agrabla, sed ne tre, - respondis la Nigra Bagnulo ŝrumpante, - ĵus estis varme, nun estas jam malvarmete, tro rapide ĉio ŝanĝas ĉi tie ĉe vi sur la tero. Sed ĉe mi sub la tero la temperaturo estas ĉiam la sama, tie vi ne ŝvitos kaj ne frostiĝos, ne estas surprizoj por vi, ĉio estas simpla kaj komprenebla.

- Rigardu la ĉielon, kia beleco! - la viro montris la ĉielarkon, kiu aperis post la pluvo.

- Kia ajn beleco estu, sed mi ne tre volas rigardi la ĉielon, ĉio estas tiel hela kaj blindiga ĉi tie, ke mi miras, kiel homoj ankoraŭ ne perdis la vidkapablon pro ĉio ĉi. Miaj okuloj doloras pro via hela lumo. Sed ĉe mi sub la tero ĉio alias, ekzistas nenio por rigardi foren, oni ne bezonas streĉi la vidkapablon. Mi havas mian laboron antaŭ mi, do mi rigardas ĝin.

Ankaŭ ĉi-foje la viro diris nenion, kaj poste li denove ripetis sian parolon:

- Rigardu, kiaj belaj floroj kreskas ĉirkaŭ vi, kliniĝu kaj flaru. Mi certas, ke vi ne flaris tiajn odorojn dum longa tempo.

- Ho ne, dankon, mi flaras eĉ sen kliniĝo, ĝi estas tro akra por mi. Sed ĉe mi sub la tero ne ekzistas tiaj akraj odoroj, la tero kaj ŝtono ĉiam odoras same, mi alkutimiĝis nur al ĉi tiu odoro.

Kaj la viro denove miris pri la vortoj de la Nigra Bagnulo, sed nur levis siajn ŝultrojn.

- Jen prenu ĉi tiujn novajn vestojn kaj alivestiĝu, kaj poste ni iros pli malproksimen kaj mi montros al vi ankoraŭ pli grandajn belaĵojn de ĉi tiu tero - la viro donis al li la vestojn.

La Nigra Bagnulo vestis sin, sed anstataŭ sekvi la viron, li denove sidiĝis apud la arbo.

- Kio okazis, - la viro demandis, - kial vi ne sekvas min?

- Viaj novaj vestoj estas tre malkomfortaj por mi, bonfarulo mia - la Nigra Bagnulo respondis sulkiginte la vizaĝon, - ili estas malvastaj kaj frotas mian haŭton. Tamen miaj ĉifonoj, kvankam ili estas malbelaj, estis malpezaj kaj malstriktaj, mi bone dormis kaj laboris en ili.

- Ne gravas, vi kutimiĝos al la novaj vestoj. Kaj al nia lando vi tute ne bezonas alkutimiĝi, ĝi estas belega kaj favora por ĉiu homo. Vi havis grandan bonŝancon trovi bonan vojon sur la surfacon kaj vi ne plu estas la Nigra Bagnulo, ne, nun vi estas homo. Nur atendu – mi kuros kaj portos por vi bonajn ŝuojn, ni povos iri tre malproksimen kun vi por rigardi aliajn landojn, por ke vi vidu plene la belecon de la tero, ŝatu plene vian liberon.

La viro impetis hejmen por preni ŝuojn kaj revenis jam post momento, sed li jam ne trovis la Nigran Bagnulon apud la arbo. La viro ne komprenis, kien li estis malaperinta, do li iradis kun tiuj ŝuoj en la manoj kaj vokis lin ĉien kaj kriis, sed la Nigra Bagnulo ne respondis. La viro ĉesis voki lin, nur kiam li revenis al la kavo, al tiu, el kiu li eltiris lin. Apud la freŝe fosita tero kuŝis la novaj vestoj de la Nigra Bagnulo.

3. 도마뱀과 그 꼬리 이야기

어느 무더운 여름날, 도마뱀은 자신의 몸을 식히려 산속의 샘으로 달려갔다. 도마뱀은 그 샘의 가장자리에 있는 돌 위로 기어 올라가서는 아주 오랫동안 샘물을 내려다보고 있었다.

그런데 도마뱀은 갑자기 자신의 온몸이 찌릿하니 아픔을 느꼈다. 도마뱀은 몸을 급히 움직이려 했으나, 성공하지 못했다. 도마뱀은 주위를 살펴보니, 살쾡이 한 마리가 무섭게 이글거리는 두 눈을 치켜뜬 채 보고 있는 것이 아닌가.

그러는 찰나, 살쾡이가 자신의 날카로운 발톱으로 도마뱀의 꼬리를 덮치자, 도마뱀은 이젠 죽었다고 생각해, 자신의 꼬리를 내버려 두고는, 걸음아 날 살려라 하며 정말 빨리 내뺐다. 도마뱀은 돌아볼 겨를노, 다른 생각을 할 겨를도 없이 자신의 온 힘을 다해 내뺐다. 도마뱀은 먼저 가장 풀이 많이 있는 풀밭으로, 다음에는 이슬을 머금은 축축한 풀 위로, 그 다음엔 뾰쪽한 가시 위로 내뺐고, 또 이끼를 따라 미끄러지고, 그러고는 비탈에서 아래로 몸을 굴려 겨우 바위들이 여럿 있는 곳에까지 올라갔다.

그렇게 도마뱀은 자신이 어디까지 와 있는지를 모를 만큼 저 멀리 내달렸다.

그곳에서도 도마뱀은 바스락거리는 마른 낙엽 밑으로 파고 들어가, 주변의 소리에 귀 기울이며 다시 숨을 내쉬기 시작했다.

그렇게 해서, 도마뱀은 주변이 잠잠한지 자세히 듣고 살피면서 어둠을 향해 한참 노려보더니, 그제야 자신을 위협하는 것이 아무도 없음을 확인하고 안도할 때까지 그렇게 일정 시간 동안 가만히 앉아있었다.

주위에 아무 위협이 없음을 알아차린 뒤, 도마뱀은 마침내 기어 나와, 낮의 햇살에 두 눈을 반쯤 감고 신선한 공기를 즐기고 있었다.

그러고는 도마뱀은 자신의 작은 네 발로 기어 자신이 가장 잘 먹는 식물의 싹들을 더듬고, 먹잇감인 기어가는 개미들을 찾아보려 했다.

그렇게 하루 이틀 또 며칠이 지나자, 도마뱀에게는 새 꼬리가 생겨났다.

도마뱀은 살아 있음과 기쁨을 누릴 수 있는 것 같지만, 그게 아니었다. 하루하루를 보내도 도마뱀은 더 우울해지고 더욱 슬펐다. 도마뱀은 자신의 새 꼬리를 보자, 그 꼬리가 지난날 자신이 달고 다니던 옛 꼬리에 비해 좋지도 않고, 힘도 센 것 같지도 않고, 새 꼬리에 보이는 반점들도 이전의 꼬리에 비해 반짝이지도 않았다.

그런 생각을 하며 도마뱀은 평화로운 마음을 지니지도 못한 채로 새 꼬리와 함께 잠들고 또 깼다.

그러던 어느 날, 도마뱀은 이제 자신에게도 용기가 생겨, 천천히 기어가 보기를 시도했고, 자신이 방금 내달려온 방향이 맞는지 확인도 해보고, 나중에는 더 빨리 기어가니, 마침내 기어서 달리기에는 어느 정도 자신이 생겼다.

도마뱀은 확신을 가지고서 자신의 옛 꼬리를 다시 찾아 지녔으면 했고, 동시에 거의 물릴 뻔한 그 살쾡이를 생각하면 얼음 같은 두려움도 가득 찼다.

이제 도마뱀은 그 샘으로 다시 가까이 갈 수 있었다.

도마뱀이 자신의 발 한 쪽을 바위 위에 올리는 찰나, 뒤편의 마른 나뭇가지들에서 바스락거리는 소리가 들려왔다. 도마뱀은 두려움에 떨면서, 그곳에서 가장 멀리 내뺐다. 왜냐하면, 그 살쾡이가 그 도마뱀을 목표로 몰래 오고 있음을 알아차렸기 때문이다. 다시 도마뱀은 달리고 또 달리면서 결코 이곳엔, 평생에 더는, 다시 이곳엔 오지 않으리라 스스로 다짐했다.

그런데도, 또 어느 정도 시간이 지나자, 옛 꼬리에 대한 생각이 도마뱀에게 다시 떠올랐다.

도마뱀은 자신이 싫어하는, 자신의 몸에 생긴 새 꼬리를 보자, 세상이 이센 이 노마뱀을 싫어하는구나 하고 생각했다. 그러자, 다시 도마뱀은 전에 잃어버린 자신의 옛 꼬리를 찾으러 가 볼 용기가 생겼고, 이젠 도마뱀은 어떤 위험에도 굴복하지 않을 태세였다.

저 멀리서조차도 도마뱀은 이제 그 샘을 볼 수 있고, 용기를 내어, 자신의 몸을 앞으로 향했다. 그 샘 앞에서야 비로소 숨을 한번 쉬고는, 도마뱀은 주변을 살펴보았다. 그러나 도마뱀 자신이 찾던 그 꼬리는 어디에도 보이지 않았다.

그때 도마뱀은 그 샘의 가장자리로 기어가, 그 샘의 물속을 들여다보았다. 그랬다. 그 꼬리가 그곳에, 그 옛 꼬리가 그리도 아름답게, 그리도 귀중하게 물속에 있는 것이 아닌가.

지금 당장이라도 도마뱀은 자신의 옛 꼬리를 물에서 꺼내, 자신의 새 꼬리를 버리고 옛 꼬리를 다시 붙이리라 다짐했다.

도마뱀은 물속을 다시 내려다보면서 그 아름다움에 찬탄했지만, 그 찬탄만으로는 만족할 수 없었다. 그래,

그걸 꺼내는 것만 남았다.

도마뱀은 이제 물속으로 뛰어들었다.

그런데 도마뱀이 그 샘의 바닥에 닿자, 비로소 물속에 있는 것이 자신의 옛 꼬리가 아님을 알게 되었다. 그것은 물에 비친, 새로 생긴 꼬리인 것을 알게 되었다. 이제 도마뱀은 깊은 물 속에서 땅 위로 올라오는 것만 남았다.

물 밖의 땅에는 이미 살쾡이가 그 도마뱀을 기다리고 있었다.(*)

Pri lacerto kaj ĝia vosto

Iam varmegan someran tagon lacerto alkuris al monta fonto por malvarmiĝi. Ĝi rampis sur la randan ŝtonon, tre longe rigardis la akvon, kaj subite akra doloro penetris ĝian tutan korpon. La lacerto faris abruptan movon por eskapi, sed ne povis. Ĝi ĉirkaŭrigardis kaj ekvidis la okulojn de linko, terurajn, brilantajn okulojn. Dume ĝiaj akraj ungegoj eniĝis en la voston de la lacerto, kiu eĉ pensis, ke morto jam venis por ĝi, sed ĝi tamen ĝustatempe pripensis, forlasis sian voston kaj forkuris tiel rapide kiel ĝi nur povis.

Ĝi kuregis el ĉiuj siaj fortoj, sen retrorigardi, sen pensi pri io ajn. Ĝi ĵetis sin en la plej dikajn densejojn, malsekajn rosajn herbojn, pikajn dornojn, glitis laŭ muskoj, ruliĝis sur deklivoj malsupren, grimpis supren laŭ nudaj rokoj, ĝis alkuris tiom malproksimen, ke ĝi eĉ ne sciis, kien ĝi trafis, ĝi enfosiĝis en sekan susurantan foliaron kaj komencis respiri fiksaŭskultante. Tiel, aŭskultante la silenton kaj fikse rigardante la mallumon, ĝi sidis dum iom da tempo ĝis konvinkiĝis, ke nenio minacis ĝin. Ĝuste tiam ĝi finfine elrampis, duonfermante la okulojn pro la taga lumo kaj ĝuante ftreŝecon de la aero. La lacerto trotetis per siaj etaj kruroj serĉante ĝermojn de plej ŝatataj de ĝi plantoj kaj krakeblajn formikojn. Tiel pasis la tago, kaj la alia pasis, tiel pasis multaj tagoj, la lacerto kreskigis novan voston: ŝajnus, ke ĝi povus vivi kaj ĝoji, sed ne - kun ĉiu pasanta tago la lacerto iĝis ĉiam pli malĝoja kaj pli malgaja. Ĝi rigardis sian novan voston, kaj tiu ŝajnis esti ne tiel bona kiel la malnova, ne tiel forta, kaj makuloj sur ĝi ne estis tiel brilaj kiel sur la malnova. La penso pri tio ne lasis ĝin en trankvilo, la lacerto endormiĝis kaj vekiĝis kun ĝi. Kaj unu tagon ĝi tamen trovis en si kuraĝon, komence ĝi rampis malrapide kaj malcerte en la direkton, de kie ĝi nur ĵus estis forkurinta, poste ĝi plirapidigis sian iradon, ĝis ĝi komencis kuri. Ĝi kuris, plena de firmeco repreni sian malnovan voston kaj samtempe plena de glaciiga timo al tiu besto, kiu apenaŭ murdis ĝin.

Kaj jen la lacerto estas proksima al tiu fonto, ĝi metis jam unu piedon sur ŝtonon, sed tiam ekaŭdis krakon de sekaj branĉoj malantaŭe, la lacerto ektremis pro timo kaj forkuris de tie kiel eble plej foren, ĉar ĝi sciis ke la linko ŝteliris al ĝi. Denove la lacerto forkuris, kaj forkurante, promesis al si neniam plu reveni tien, neniam plu dum sia vivo. Pasis iom da tempo, kaj denove pensoj pri la malnova vosto komencis turmenti la lacerton, denove la mondo estis malfavora por ĝi, kiam ĝi rigardis la novan malŝatatan. Kaj denove la lacerto kuraĝis reveni por la malnova vosto, sed tiutempe ĝi intencis ne atenti ajnajn danĝerojn.

Eĉ demalproksime la lacerto ekvidis la fonton, trovis kuraĝon kaj ĵetis sin antaŭen. Nur ĉe la lago, respirante, ĝi komencis ĉirkaŭrigardi, sed nenie vidis sian voston. Tiam la lacerto paŝis sur la bordon de la lago kaj rigardis en la akvon: jes, ĝi estas tie, en la akvo, ĝia malnova vosto, tiel bela, tiel kara. Ĝuste nun ĝi elprenos sian voston, forĵetos la novan voston kaj kunprenos la malnovan. La lacerto admiris ĝin, rigardante en la akvon, kaj ne povis admire kontentiĝi. Restis nur elpreni ĝin. La lacerto ĵetis sin en la akvon, sed nur kiam ĝi atingis la fundon, ĝi komprenis, ke tio ne estis ĝia malnova vosto en la akvo, sed reflekto de la nova. Nun restis nur eliĝi el la profunda lago sur la landon, kie la linko estis jam atendanta ĝin.

4. 두더지 이야기

옛날에 두더지가 살았다. 그는 아주 열심히, 아주 힘
들게 일을 해서 쉴 시간조차 없었다.

그는 땅속에서 굴을 파고, 낮에도 밤에도 굴을 파느라 쉼이 없었다. 그는 자신의 발에 피가 다 날 정도로 저 단단한 땅을 뚫으려고, 또 자신이 가진 발톱이 다 닳을 정도로 그렇게 세게 긁으며 굴을 파고 또 파기만 하였다.

두더지는 앞으로 향해 빨리 움직이면서도, 더 빨리 일을 해내기를 원하자, 사방의 땅이 그를 압박해 왔다. 그런 압박을 그는 자신의 온몸으로 지탱해가며 일하였다. 그러니 그의 비난 같은 털은 땅에 할퀴어 상처 나고, 닳고 닳았다. 그런데도 그는 이에 굴하지 않았다. 나중에는, 그의 털이 거의 빠지고, 나중에 그 자리에 새로 털이 생겼다.

두더지는 그래도 파는 일을 계속했다.

더욱 수많은 땅굴이 그 두더지 뒤로 만들어졌으나, 그의 앞은 똑같이 막힌 벽만 있었다. 두더지는 그 벽을 두들기고, 또 쳐서 자신이 만들어 가는 굴이 더욱 길어지기만 고대하였다.

두더지의 눈은 어둠의 색을 제외하고는 다른 색은 인식할 수 없고, 두더지의 콧구멍은 축축한 땅의 내음을 제외하고는 다른 내음은 몰랐다. 두더지는 그렇게 일만 했다. 왜냐하면, 곧 그의 아이들이 이 세상에 태어난다는 것을 아니까.

그렇게 아들이 셋 생기자, 두더지는 이전보다 더 힘든 일을 했다. 왜냐하면, 그는 살아가야 하고, 자신이 돌봐야 하는 자식들도 생겼기 때문이다. 두더지는 어떻게 숨 쉬는가도 잊은 채, 숨을 쉬듯이 파고 또 팠다.

매일, 매 순간.

그래서 두더지는 자신이 만들어온 굴을 더 넓혀, 자신의 자식들이 자기 몸에 상처를 입지 않게, 그렇게 사방의 땅이 그 자식들의 털을 그렇게 무자비하게 누르지 않게 해놓았다. 그렇게 해 두고서도 두더지는 여전히, 자식들이, 만일 아버지인 그는 비록 누리지 못한 운명이라 하더라도, 무엇이 공간인지, 무엇이 자유로움인지 느끼게 해 주고 싶었다.

이제 자식들도 자라, 그들도 일을 시작했고, 아버지 일을 따라 일했고, 아버지를 도왔다.

"얘들아, 얘들아."

이제 늙어버린 그 두더지가 말했다.

"나는 너희들이 더 쉽게 살아갈 수 있도록 내 온 삶을 다해 굴을 만들어 놨단다. 뒤를 한번 돌아보렴. 이미 수백 수천 킬로미터 길이의 드넓은 굴을 내가 구불구불하게 만들어 놓은 것을 봐. 저 굴에서 생활하면서 대대손손 이어가게나."

"아, 아니에요, 아빠."

아이들은 반대했다.

"저희는요, 아빠가 만들어 놓은 굴을 원하지 않아요. 저희는 저희의 것을 갖고 싶어요. 저희는 저희만의 굴을 만들어, 그곳에서 따로 살면서, 저희는 따로 가족을 만들 것이고, 자식을 이 세상에 내놓을 거예요."

"그래, 그것도 좋구나."

두더지는 그동안의 일로 인해 피곤하고 고통 속에

있었으나, 그가 해야 할 일이 더 있었다.

"만일 너희가 내가 만든 굴을 원하지 않아도, 적어도 내가 해 주는 이 말은 너희도 유용했으면 한단다."

그래서, 늙은 두더지는 자식들에게 어떻게 빨리 또 어느 방향으로 파야 하는지 그 방법을 알려 주었다. 그러고는 그 늙은 두더지는 일을 피하지 않고, 자신의 이빨로 온 힘으로 땅을 갉아 파내면서도, 자식들이 하는 일을 여전히 도와주었다. 그렇게 일만 하니, 땅이 그를 숨쉬기조차 허락하지 않을 성도로 만들어 버렸고, 그의 콧구멍도 막힐 정도였다.

'평생 노예처럼 일만 했네. 드넓은 굴을 파기만 했네. 나는 이 굴을 넓히는 일에만 집중했으니, 이 바닥에서 숨 막혀 죽을 지경이 되었네'

그렇게 두더지는 생각하고는, 자신의 운명에 몸을 낮추었고, 그의 몸에 둔 긴장을 풀면서 자신을 둘러싼 주변의 흙의 온전한 무게를 겸손하게 받아들였다. 그러나 혼자 죽는다는 것은 쓸쓸하기에, 자신이 죽기 전에 자식들이라도 한 번 더 보고 죽고 싶었다.

두더지는 다시 기운을 차리고서, 온몸의 근육을 긴장시키고 난폭하게, 자신의 몸도 개의치 않고 검은 땅속을 파고 들어갔다.

자신이 가진 마지막 안간힘까지 써버린 그 두더지는 그래도 자신이 하는 일을 놓지 않았다. 하지만 그는 자신이 일찍이, 젊을 때 파오던 속도보다 더 빨리는 파지 못했다. 그래서 두더지는 자신이 하는 일에 너무 골몰해 움직였고, 좀 더 높은 쪽을 팠기에 그만 길을 잃어버렸다.

그래도 두더지는 이제 자신이 가진 마지막 힘을 다해, 막판에 온 힘을 다해 파니, 마침내 지표면을 뚫을 수 있게 되었다.

좋은 내음의 신선한 공기가 그의 콧구멍에 닿았고, 그렇게 그 세찬 공기에 현기증을 일으킬 정도였다. 마침내 두더지는 이전에는 전혀 상상해 보지 못했던 땅 위의 색깔을 보았다. 그래서 그는 하늘을 바라보았고 자신의 두 눈에 눈물이 아래로 떨어졌다. 그의 마음은 하늘의 아름다움을 겨우 이해할 수 있을 정도였다.

그러나 두더지가 최고로 감동한 것은 그가 온 삶을 다해 애써 온 그 끝없는, 드넓은 공간이었다. 두더지는 자신이 일하던 그 공간을 넓히려고 자신의 삶을 다 써버렸으니. 그 공간은 단순히 그에게 주어진 것이 아님을 확실히 알았고, 그 공간을 가지려면 그만큼 많은 아픔의 노력을 해야 함을 알게 되었다.

그런데, 자신이 지금 눈앞에 보고 있는 이 공간은, 필시, 그는 도대체 이게 무엇인지를 전혀 모르겠다. 그는 평생을 다해 땅속에서 지내 왔고, 땅속을 파헤쳐 왔고, 휴식도 없이 일했지만, 이 땅 밖의 공터에 다다르기에는 겨우 몇 센티미터만 남았음을 알았다.

고개를 들어 조금 더 높이 파내기만 하면 충분했다. '나는 마침내 이곳에 와 있고, 지금 나는 살아 있고, 내 삶을 즐길 수 있구나.'

두더지는 자식들이 얼른 생각나, 그들도 이곳을 한 번 와서 보았으면 하고, 이 모든 광경을 자식들에게 들려주고 싶었다.

두더지는 승리했고, 그는 평생 자신이 늘 원해 온 바를 마침내 싸움을 통해 쟁취했다. 두더지는 쉽게 포기하지 않았지만, 그의 몸은 이미 오래전부터 포기하고 있었다. 그는 자신을 움직여 보려 했으나 그의 몸은 이제 말이 듣지 않았다.

그는 자신의 고개를 겨우 숙이고는, 단단한 땅속으로 외쳤다.

"얘들아, 이곳으로 와, 내 목소리를 따라와 봐!"

하지만 자식들은 대답이 없고, 오지도 않았다.

"얘들아, 이곳으로 와 봐, 세상의 모든 아름다움이 여기에 있-어."

두더지는 두 번이나 외쳤지만, 그의 목소리는 더욱 사그라지고 힘이 없음은 알아차리지 못했다.

그래도 자식들은 오지 않았다. 그들은 아버지가 부르는 소리를 듣지 못했기 때문이다.

"얘들아, 자식들아, 너희는 이제 내 말을 듣지도 않는 것을 나는 알아. 하지만 나는 너희들이 그 굴을 따라 끝까지 와 보-라-구. 내가 만든 이 마지막 땅굴을 따라 한 번 와 보-라-구."

늙은 두더지는 그렇게 자신의 마지막 말을 남기면서, 자신이 한 번도 산 적이 없던 것처럼 죽어갔다.

한편 그의 아들들은 열심히 일했다. 그런데 시간이 흐른 뒤, 그들은 갑자기 생각이 났다.

"그런데 우리 아버지는 어디로 가셨지?"

자녀들은 서로에게 물었다.

그들은 앉아서 슬픔의 시간을 조금 보내며 조용히 울먹이기 시작했지만, 아버지를 찾아 나서지 않았다. 왜냐하면, 그들은 아버지가 자신들이 사는 세상에 이미 없음을 알고 있었다.

그래서 그들은 자리에서 일어나, 다시 일을 시작해야 하고, 삶과 죽음에 대해 생각할 시간이 없었다.

그게 두더지의 삶이다. -매일 매일 이 땅에 맞서 공간을 만들려고 벌이는 싸움이라는 그 삶.(*)

Fabelo pri Talpo

Iam vivis Talpo. Li laboregis peze, tiel peze, ke li eĉ ne havis tempon por ripozi. Li fosadis tunelojn subtere, ĉesis nek tage nek nokte, skrappenetris per siaj piedoj tra malmola tero tiom forte, ke sango eliĝis el ili, tiom forte, ke li foje tute eluzis la ungojn, sed li fosadis kaj fosadis. La Talpo movis sin antaŭen rapide, sed li volis ankoraŭ pli rapide, la tero premis lin de ĉiuj flankoj, rezistante al la korpo de la Talpo, forskrapadis lian silkecan felon, sed la Talpo ne atentis tion, lia felo mudis, sed poste nova kreskis. La Talpo daŭrigis la fosadon. Pli kaj pli da tuneloj kuŝis malantaŭ la Talpo, sed estis la sama netrairebla muro antaŭ li, kaj la Talpo estis trabatanta tiun muron, denove kaj denove estis trabatanta, por ke liaj tuneloj plimultiĝu, por ke ili iĝu pli longaj. La okuloj de la Talpo konis neniun alian koloron krom la koloro de mallumo, la naztruoj de la Talpo konis neniun alian odoron krom la odoro de humida grundo. La Talpo laboregis pene, ho tiel pene, ĉar li sciis, ke baldaŭ liaj infanoj naskiĝos en la mondon. Kaj kiam liaj tri filoj naskiĝis, la Talpo ĵetis sin en la pezan laboron ankoraŭ pli intense, ĉar li havis jam iujn, por kiuj li vivu, iujn, kiujn li prizorgu. La Talpo forgesis eĉ kiel retrovi spiron, li fosis kiel spiris, ĉiutage, ĉiuminute. Kaj la Talpo faris siajn tunelojn ĉiam pli kaj pli larĝaj, por ke liaj filoj neniam devu forskrapadi siajn felojn, kiel li estis farinta iam, por ke la tero ne premu ilin tiom senkompate en sia sino, kiel lin iam, li volis almenaŭ, ke ili, se al li ne estis destinite, sentu, kio estas spaco, kio estas libereco. Kaj jam la filoj kreskis, kaj ankaŭ ili eklaboris, kaj ili sekvis sian patron kaj helpis lin.

– Filoj miaj, infanoj miaj, – la maljuna Talpo diris, – mi laboris la tutan mian vivon pene, por ke vi vivu pli facile, rigardu malantaŭen, jen estas centoj, miloj da kilometroj da larĝaj, vastaj tuneloj, kiuj serpentumas, iru kaj loĝu tie, kaj daŭrigu nian genton.

– Ho ne, patro, – la infanoj kontraŭdiris, – ni ne volas viajn tunelojn, ankaŭ ni volas senti nin posedantoj, ni volas fosi niajn proprajn tunelojn, nelonge restas por ni vivi solaj baldaŭ ankaŭ ni havos niajn proprajn familiojn, baldaŭ ankaŭ niaj infanoj naskiĝos en la mondon.

– Nu bone, – suspiris la Talpo, laca kaj

elturmentita pro la laboro, sed kion li povis fari, – tiam almenaŭ per mia konsilo mi estos utila por vi, se vi ne volas miajn tunelojn.

Do la maljuna Talpo komencis doni konsilojn al siaj filoj kiel fosi pli rapide kaj en kiu direkto. Sed li mem ne evitas la laboron, skrappenetras per la dentoj en la teron tutforte por tamen ankoraŭ helpi siajn filojn. La tero premas lin, ne lasas lin spiri kaj ŝtopas liajn naztruojn. Mi laboradis dum mia tuta vivo kiel sklavo, fosadis pli kaj pli larĝajn tunelojn, ĉar mi strebis al vasto, sed nun mi mortos sufokita de la grundo, – pensis la Talpo kaj subiĝis al la sorto, lia korpo moliĝis, akceptante humile la tutan pezon de la ĉirkaŭa tero sur sin. Sed estas amare morti tute sola, li volis almenaŭ vidi la infanojn antaŭ sia morto, la Talpo ekvigliĝis, streĉante ĉiujn siajn muskolojn, ekfosis furioze, ne domaĝante sian korpon, en la nigran teron. La lastaj restaĵoj de la fortoj forlasis la Talpon, sed la laboro bolis, li fosis tiel rapide, kiel neniam pli frue, kiel eĉ en sia juneco li ne fosis, sed forgesis la Talpo en sia ardo la vojon, laŭ kiu li ĉiam moviĝis, kaj ekfosis iom pli alten. Kaj la Talpo faris la finan spurton kaj trabatis sin al la tersurfaco. La bonodora freŝa aero frapis liajn naztruojn, kaj tiel forte, ke li eĉ eksentis kapturniĝon. Kaj la Talpo ekvidis finfine la surfacajn kolorojn, kies ekziston li eĉ neniam suspektis antaŭe, la Talpo rigardis la ĉielon, kaj larmoj fluis malsupren de liaj okuloj, ĉar lia menso apenaŭ povis kompreni la belecon de la ĉielo. Sed pleje la Talpo estis impresita de la spaco, la senfina, eterna spaco, al kiu li estis strebanta sian tutan vivon, por kies plivastigo li fordonis sian vivon. Ĉar li estis certa, ke la spaco ne estas donata tiel simple, kaj ke por havi ĝin oni devas toleri dolorigan turmenton. Sed evidentiĝas, jen kie estas la spaco, evidentiĝas, ke li eĉ ne sciis, kio ĝi estas. Li tretis la sinon de la tero, boris ĝiajn internaĵojn dum sia tuta vivo, ne konante ripozon, sed ĝis la libereco restis nur kelkaj centimetroj. Sufiĉis levi sian kapon kaj fosi iom pli alten. Mi estas ĉi tie finfine, nun mi povas vivi kaj ĝui mian vivon. La Talpo rememoris siajn filojn, volis reveni al ili kaj rakonti ĉion. La Talpo venkis, li batalakiris finfine de sia vivo tion, kion li ĉiam volis, la Talpo ne kapitulacis plene, sed jam delonge kapitulacis la korpo de la Talpo. Li provis movi sin, sed lia korpo ne obeis. Li povis nur klini sian kapon malsupren kaj krii al la tera firmaĵo:

— Filoj miaj, venu ĉi tien, sekvu mian voĉon!

Sed la filoj ne respondis kaj ne venis.

— Infanoj miaj, venu al mi, la tuta beleco de la mondo atendas vin — la Talpo ekkriis duafoje, ne rimarkinte, ke lia voĉo iĝis ankoraŭ pli mallaŭta kaj pli malforta.

Sed la filoj ankaŭ tiam ne venis, ĉar ili ne aŭdis sian patron.

— Filoj miaj, infanoj miaj, mi scias, ke vi ne plu aŭdos min, mi volas nur ke vi ĝis la fino iru laŭ mia lasta tunelo — la maljuna Talpo flustris kaj mortis, kvazaŭ li neniam vivis.

Liaj filoj laboris dume. Sed post iu tempo ili subite rememoris:

— Sed kien nia patro malaperis? — ili demandis unu la alian.

Ili sidis kaj malĝojis ioman tempon, ekploris silente, sed ne serĉis lin, ĉar ili sciis, ke li jam ne estas en ĉi mondo. Kaj ili ekstaris, ĉar ili devis komenci labori, ili ne havis tempon por mediti pri vivo kaj morto, tia estas la talpa vivo: batali por spaco kontraŭ la tero ĉiutage.

5. 예티오에 대한 동화

한 마을이 있었다. 그곳 사람들은 자신을 기억하는 날부터 두려움에 떨며 살고 있었다. 낮에도 밤에도 그들 마음은 편안할 수가 없었다. 그들에게 운명처럼 시련이 닥쳤다. 그것은 공포의 괴물과 함께 이웃하며 살아오게 된 일이다.

밤에는 마을 사람들이 잠자리에 들면서 그들은 오늘 밤도 평화로이 지나갔으면 하고, 저 거대한 발톱을 가진 동물에 자신이 희생되지 않기만 해주었으면 하고 기도했다.

또 다음 날 아침이 되어 일어나면, 그들은 오늘 새로

운 해돋이를 볼 수 있음에 하나님께 감사하고, 두려움 속에서 일하려고 자신의 일터로 다시 갔다.

　나이가 젊든 나이가 많든 간에 마을 사람들은 '예티오'라는 괴물 같은 짐승이 자신들이 사는 숲에 살고 있음을 잘 알고 있었다. 그러나 그들은 그 짐승이 어디서 왔는지, 그 짐승이 어떻게 그들 땅으로 들어왔는지도 몰랐지만, 그들은 그 짐승을 그들에게 보낸 이는 필시 악마일 것임은 분명하다고 생각했다.

　그들 아무도 아무 때도 그 짐승을 보지 못했지만, 그 사람들은 그 짐승이 크고, 털이 있고, 이빨이 있고, 잔인한 존재임은 알고 있었다.

　아무도 그 짐승이 뭘 먹는 모습을 보지 못했지만, 그 사람들 모두는 그 짐승이 산 것을 먹거나, 또는 피를 마신다고 알고 있었다. 마을 사람들은 무엇 때문에 자신들이 그런 벌을 받고 있는지를 몰랐다. 그들이 알고 있는 한 가지 일은 ─그 사람들이 이를 용감하게 허용해야만 한다고, 자신들이 자신의 십자가를 지고 가야만 한다는 것이다.

　숲에서 그 예티오를 쫓아내는 일은 마을 사람 자신들이 실패할 것임을 알기에 시도하지도 않았고, 그 짐승에게 해가 될 수 있을 독약을 모르기에 독약을 그 짐승에게 마시게 시도할 수 없었다.

　하지만, 그런 시도를 하러 마을 사람들이 그 숲에 접근하지 않는다 해도, 그들은 그 숲을 보기만 하면 겁이 나고, 그 숲에서 나는 소리에도 겁이 나고 그 방향에서 불어오는 바람에도 무서워했다. 마을 사람들은 벌써 오래전부터 그 숲에서 어떻게 산책하는지, 그곳에서 어떻게 사냥하는지를 이미 잊고 있었다.

때때로 마을에 사는 몇 사람은 자신들의 집 근처에서 자라는 나무들의 가지가 부러져 있고, 자기 집의 창문 아래에 나 있는 큰 발자국들을 보았다.

사람들은 그 괴물이 그들의 방으로 밤에 침입할 수 있고, 그 짐승이 자신의 큰 발톱을 날카롭게 들이대면서 그들의 잠자는 아이들을 들여다볼 걸 상상하면 두려움으로 인해 망연자실해 있었다.

좀 더 나중에는, 마을 사람들은 마을에서 키우는 개 몇 마리가 죽어 있음을 발견했다. 그 개들은 쓰러진 채, 혀를 내밀고 있었고, 두려워 얼어버린 두 눈알이 눈 밖으로 나와 있었다. 개들의 깨진 머리에서 흘러나온 피가 그들의 주검 주변에서 몇 미터 떨어진 눈 위로 뿌려져 있었다.

사람들은 자신에게 성호를 긋고는, 공포에 질린 채 숲을 직접 바라보았다. 그들 입술은 거의 움직임이 없고, 예티오를 향한 말 없는 저주의 말만 하고 있었다.

지금도 여전히 더 자주 마을 사람들은 그 숲에서 나무들이 와지끈 부러지는 소리를 듣고, 아침에 그들은 마을 근처에 부러진 나뭇가지들이 한 무더기가 있음을 알았다. 저 짐승이 미쳤구나, 화가 나 있구나 하고 마을 사람들은 이해했다.

그 짐승이 마을을 공격할 것이고, 자신의 힘을 온마을 사람들에게 보여줄 것이라는 소문이 사람들 사이에서 퍼져 나갔다.

마을 사람들은 마침내 저 공포의 예티오로부터 자신들을 지키기 위해 큰 울타리를 만들 결정을 했다. 마을 사람들 모두 힘을 합쳐 작업을 시작했고, 며칠 지난 뒤, 그 울타리가 완성되었다. 모두는 이제 긴장을 풀고 한숨을 내쉬며, 이제는 걱정 없다는 듯이 각자 자신의 집으로 향했다.

그런데 예티오라는 짐승은 동굴 안에 앉아, 지난해에 말려 놓은 나무뿌리를 씹으면서, 자신의 큰 털과 좀 익숙하지 않은 발 위로 눈물방울을 연신 떨어뜨렸다. 어젯밤에 그 짐승은, 여느 때와 마찬가지로 그 마을로 산책하러 갔지만, 전에 보이지 않았던 높고 강력한 울타리를 만났다. 그 짐승은 생각하기를, 사람들을 도우러 오는 것을 이제 더는 바라지 않음이 분명해졌다. 예티오는 그 점을 무시하고 살아가기에는 너무 감성적이었다.

"왜?" 예티오는 자신에게 물어보았다.

"왜?"

짐승은 다시 말해 보았지만, 마을 사람들의 논리를 이해할 수 없었다. 짐승은 이 마을 사람들을 위해 그만큼 선을 베풀고, 그 짐승이 할 수 있는 한 도와 왔었다. 그 짐승은 이 마을에서 저 마을로 떠돌며, 어린 아이들이나 심지어 어른조차 공격하기도 하는 모든 도둑 개들을 때려잡아 왔다.

거의 매일 그 짐승은 마른 나무들을 잘게 부숴, 사람들이 아침에 땔감으로 사용하기 좋도록 마을 가까이 그 땔감을 가져다 놓기도 했다. 아무 늑대도 지금 이 마을에 접근하지 못하는 것도 예티오가 저 숲에 살고 있어 이 마을을 지켜 주고 있기 때문이다. 아마 사람들은 그 짐승이 때로는 밤에 마을로 내려와, 길거리를 배회하고, 때로는 사람들이 사는 창가를 쳐다보기조차 한다는 사실을 좋아하지 않나 보다. 그러나 그 짐승은 누군가를 깨우지 않으려고, 또 놀라지 않도록 소리를 조금도 내지 않게 하려고 무진 애를 썼다. 그 짐승이 창문을 통해 사람들을 바라볼 때, 자신이 가진 외로움이 어디론가 사라지는 것 같고, 자신의 외로움에 그리 세게 고통스러워하지 않아도 되었다. 그 짐승이 누군가에게 상처 입혔거나 누군가에게 뭔가를 훔쳤는가?

그 짐승은 언제나 풀, 뾰쪽한 가시와 솔방울만 먹었고 가장 가까운 샘의 물만 먹었다.

그래서, 예티오는 자신의 모든 것을 챙겨 자신의 고개를 떨군 채, 새로운 거처를 찾으러 떠났다.

그날 아침, 마을 사람들은 이상한 소리 때문에 평소보다 일찍 일어났다. 바깥에서 날씨가 난폭하게 일기 시작하고, 바람도 포효하는 듯했다. 날카롭게 휘-익- 하는 바람소리 사이로 뭔가 다른 소리가 들려왔다. 사람들이 그 소리를 자세히 들어보니, 그건 늑대들의 울음소리였다.

지난 몇 년간 이 마을에 모습을 감추었던 늑대들이 지금은 그 마을 사람들이 만들어 놓은 울타리 사이의 널빤지 사이로 사람들이 사는 집을 훔쳐보고 있었다. (*)

Fabelo pri Jetio

La vilaĝanoj vivis timante ekde kiam ili memoris sin. Nek tage, nek nokte ili havis trankvilecon. Trafis iliajn sortojn peza elprovo – la najbareco kun terura besto. Nokte ili enlitiĝas kaj preĝas por ke la nokto pasu en trankvilo, por ke ne pereu ili en siaj hejmoj de la gigantaj ungohavaj kruroj. Ili ellitiĝas matene kaj dankas Dion pro tio, ke ili povis ekvidi ankoraŭ unu sunleviĝon, kaj denove al sia laboro, por labori en timo. Ĉiuj vilaĝanoj, junaj kaj maljunaj, ĉiam sciis, ke la Jetio, tiu monstro kaj tiu kruela besto loĝas en ilia arbaro. Neniu sciis, de kie ĝi venis, kiel ĝi trafis en ilian landon, sed ili ĉiuj certis, ke la diablo mem sendis ĝin al ili. Neniu kaj neniam vidis ĝin, sed ĉiuj sciis, ke ĝi estas granda, vila, dentoza kaj kruela. Neniu vidis ĝin manĝanta, sed ĉiuj sciis, ke ĝi manĝas vivantajn estaĵojn kaj trinkas sangon. Ne sciis la vilaĝanoj, por kio ili ricevis tiun punon, kaj sciis nur unu aferon – ili devas toleri kuraĝe, devas porti sian krucon. Forpeli la Jetion de la arbaro la vilaĝanoj eĉ ne provis, sciante, ke ili ne sukcesos, ne provis veneni ĝin, sciante, ke ne ekzistas veneno, kiu ĝin damaĝus. Sed kion oni diru pri la batalo, se al la arbaro la vilaĝanoj eĉ ne proksimiĝis, ili timis eĉ la aspekton de la arbaro, timis la sonojn, venantaj de tie, timis la venton, blovanta de tiu flanko. La vilaĝanoj delonge forgesis, kiel promenadi en la arbaro, ĉasadi tie.

Foje kelkaj vilaĝanoj vidis rompitajn branĉojn de arboj kreskantaj proksime al la fenestroj de iliaj domoj kaj grandajn spurojn sub la fenestroj. La homoj stuporiĝis pro la timo, imagante, ke la monstro estas enrigardanta iliajn ĉambrojn nokte, ke ĝi estas observanta iliajn dormantajn infanojn, akrigante siajn ungegojn.

Kaj iom pli poste la vilaĝanoj trovis kelkajn mortigitajn vilaĝajn hundojn. Ili kuŝis, elŝovinte la langojn kaj elorbitiginte la okulojn, glaciiĝintaj pro la timo. La sango de iliaj rompitaj kapoj estis disŝprucigita en la neĝo plurajn metrojn ĉirkaŭe. La homoj krucosignis sin, teruriĝis kaj rigardis direkte al la arbaro. Iliaj lipoj apenaŭ moviĝis, dirante sensone malbenojn, malbenojn por la Jetio.

Nun ĉiam pli ofte la vilaĝanoj aŭdis kraketon de arboj en la arbaro, kaj matene ili trovis amason da rompitaj branĉoj proksime de la vilaĝo. La besto furiozas, koleras, - komprenis la vilaĝanoj. Famo disvastiĝis inter homoj, ke ĝi intencas ataki la vilaĝon, do ĝi montras sian forton al ĉiuj.

La homoj decidis finfine konstrui grandan barilon por protekti sin kontraŭ la terura Jetio. Ĉiuj eklaboris akorde, kaj post kelkaj tagoj la barilo estis preta. Ĉiuj ekspiris malstreĉe kaj ne sentime disiris al siaj hejmoj.

La Jetio sidis en la kaverno kaj maĉis radiketojn sekigitajn pasintjare, larmoj gutis sur ĝiajn grandajn vilajn kaj iomete mallertajn krurojn. Hieraŭ nokte, ĝi, kiel kutime, iris en la vilaĝon por promeni, sed puŝiĝis kontraŭ alta kaj fortika barilo. Evidentiĝas, ke homoj ne plu volas, ke ĝi venu al ili por helpi ilin. La Jetio estis tro sentema por ignori tion. Kial? - la Jetio demandis sin, kial? - ĝi ripetis denove, sed li tamen ne povis kompreni la logikon de la vilaĝanoj. Li faris tiom da bono por ili, ĝi provis helpi kiel ĝi povis. Ĝi disbatis ĉiujn rabiajn hundojn, kiuj vagis tra la vilaĝo kaj povis ataki homajn infanojn kaj ankaŭ plenkreskulojn. Preskaŭ ĉiunokte ĝi rompis sekajn arbojn kaj kunmetis jam rompitan lignaĵon proksime al la vilaĝo por ke homoj matene povu preni ĉion tion kiel hejtlignaĵo. Neniu lupo nun eĉ proksimiĝis al la vilaĝo, sciante, ke ĝi, la Jetio, loĝas en la arbaro, kaj ke ĝi protektas tiun vilaĝon. Eble homoj ne ŝatis la fakton, ke kelkfoje nokte la Jetio iris al la vilaĝo kaj vagis tra la stratoj, kelkfoje eĉ rigardante tra la fenestroj? Sed ĝi ĉiam penis fari tion kiel eble plej malbrue, por ne veki iun, ne maktrankviligi. Kiam li observadis homojn tra la fenestroj, ŝajnis ke ĝia soleco malaperas ien kaj ne turmentas ĝin tiel forte. Ĉu ĝi ofendis iun aŭ ŝtelis ion de iu? Ĝi ĉiam manĝis nur herbojn, pinglajn dornojn kaj strobilojn, kaj trinkis nur akvon el la plej proksima fonto. La Jetio kolektis siajn havaĵojn kaj klininte la kapon iris, kien okuloj rigardis por serĉi novan hejmon.

Matene la vilaĝanoj vekiĝis pro strangaj sonoj. Ekstere ekfuriozis malbona vetero, la vento muĝis. Sed inter la akra fajfado de la vento aŭdiĝis io alia. Fiksaŭskultinte la homoj komprenis, ke tio estis lupa hurlado. Lupoj, kiuj ne venadis al la vilaĝo dum multaj jaroj, estis nun rigardantaj homajn hejmojn tra la fendoj de ilia barilo.

6. 반려 고양이 플로로

그리고 모든 것은, 사람들 대부분에게 일어나듯 그렇
게, 평범하게는 전혀 아닌 채 시작되었다. 누군가에게
이득도 바라지 않고 사랑과 관심을 선사하려는 바람
때문도 아니고, 마찬가지로 그들의 사랑과 관심을 받
으려는 바람 때문도 아니다.

왜냐하면, 오래전부터 그녀는 자신의 사랑이 없이도
세상이, 또한 한 개인의 마음이 멈추지 않음을 잘 알
고 있었다.

지금까지 그녀는 자신의 사랑을 요구하는 사람들을
만날 기회가 없었다. 그리고 내부의 이해될 수 없는,
필시 태어나면서부터 생긴 금욕주의 생활은 그녀가 지

금까지 전혀 불필요한 사물들에 자신의 감정을 드러내는 것을 허락하지 않았다. 따라서, 그녀는 스스로 주로 뭔가 다른, 훨씬 더 실용적인 뭔가에 집중했다.

무엇보다도 그녀 자신에게 도움이 되는 일과, 나중에 편하게 함께 사는 일만 주요 관심사였다. 그래서 시작은 지역 잡지의 기사에서였다.

어떻게 암고양이가 사람을 치료하는가?
...암고양이는 사람의 아픈 곳을 바로 알아차릴 수 있고, 이를 치료해 줄 수 있다... 사람 몸의 아픈 부위에 앉아, 그 부위를 따뜻하게 해 주고 마사지를 해 주고... 특별한 에너지 원천을 만든다... 우울증, 고혈압, 관절염, 몸의 경색된 부위... 또한 부인과 관련 질병과 호흡기 문제를 완화해 주고... 상처의 더 빠른 회복을 도와주고, 두통을 낫게 해 준다.

그녀는 고양이가 쉽게 치료할 수 있는 질병 이름의 리스트를 가진 몇 줄짜리 기사를 오랫동안 내려다보았다. 그곳에는 반려동물이 자기 주인에게 선사하는 사랑에 대한 항목, 그런 치료 효과는 심리적 수준에서 가장 분명하게 일어난다는 항목, 또 그 기나긴 노력의 과정은 만일 그 동물을 신뢰한다고 그렇게 말할 수 있다면, 그 동물과의 만남을 조율해야 하는 주인의 노력도 함께 따라야만 한다는 항목도 훑어보았다.

그녀는 그 사랑 기사가 여타 중요 기사들을 배경으로 배치되어 있음도 받아들였다.

사람들이 그 "사랑" 기사를 날짜, 사건들로 꽉 찬 기사에 아무렇게나 잘못 밀어 넣은 것 같아, 아마도, 그것이 독자들이 읽기와 나중에 소화하기엔 너무 어렵지 않을까 하는 생각이 들었다.

그건 사람들이 음식을 집어삼키면서 숨막히지 않게 하려고 물을 들이켜는 것과 좀 비슷했다. 물론, 물은 삶의 필수 요소다. 사람들은 이를 늘 필요로 하지만, 물은 정말... 향기 없고, 맛도 없는 그런 요소이다.

니나에겐 사랑이 물과 같았다.

사랑이란 향기와 맛이 없는 무엇이다.

그녀 자신은 그걸 전혀 주목하지 않고 살아왔다. 하지만 아마 사랑이 적은 양으로 그녀에게 떨어졌던가? 그러나 그때 사랑이 니나 몸속으로 완전히 들어갔지만, 그녀는 그것을 전혀 알아차리지 못했다. 그런데도, 니나는 사람들이 사랑에 관해 그런 식으로 행동하고, 사랑을 통해 뭔가 챙기려는 것에 이미 익숙해 있었다. 그래서 그녀는 그 기사를 통해 뭔가 중요한 요소를 보았고, 중요하지 않은 것도 보았지만 곧 잊어버렸다. 이미, 다음 날, 니나는 집에 빈손으로 가지 않았다. 바구니에 조용히 있어도 두려움에 떨고 있는 암고양이가 들어 있었다. 다 자란 개체이고, 아무리 봐도 새끼 고양이는 아니었다.

니나는 새끼 고양이 옆에서 그 새끼 고양이에게 작은 병으로 뭔가 먹이거나, 모래 속에 배설하는 걸 가

르치거나, 또, 하나님 보소서, 새끼 고양이와 놀거나, 조용히 달래고, 공통 구역에서 조용하고 평화로운 주거를 위해 더 많은 관심을 주고 싶은 열망은 전혀 없었다.

그래서 그녀는 자신이 원하는 것을 찾았다. -니나의 여자친구, 아니 더 정확히는 직장 동료인 여성이 이젠 더는 관심을 두지 않는, 어리지는 않은 암고양이를 찾아냈다.

그 암고양이는 온종일 거주지 이곳저곳으로 달려갔다가 돌아온다거나, 카펫을 긁거나, 커튼 위에 매달려 있는 그런 행동으로 같이 사는 거주자들을 즐겁게 해주는, 미치도록 즐겁게 하는 존재가 되는 것을 이미 포기하였다. 대신, 그 고양이는 조용하고, 무관심하고, 행동도 좀 느리고, 그래서 모든 사람은 그 녀석을 늙은 암고양이로 취급했다.

귀갓길에 니나는 가게에 들러, 비상시용 사료로 쓸 고양이 사료로 아무것이나 샀다. 그녀는 그 암고양이가 이미 지금까지 살아온 집에 미련을 떨치지 못해 믿기지 않을 정도로 그 집을 그리워할지 모른다는 공포의 그림을 상상했다. 그녀 자신에게 절망적인 고양이 울음소리가 이미 들리는 듯하였고, 마침내 그녀는 그 데려온 고양이를 이전 주인에게 되돌려줘야 하는 상황이 올지 모른다는 상상도 하였다.

그러나 삶은 자신의 신비로움을 니나에게 선물하기 시작했다. 먼저 선물하고 나중에 그 신비로움을 알아차리게 하는 방식으로. 그래서 그 첫 신비로움은 '플로로'3)가 되었다.

니나가 바로 지금 자기 바구니에 담아, 집으로 데려온 암고양이 이름이 플로로였다. 그 고양이는 태어나서 처음부터 그 이름을 가졌기에, 니나의 머릿속에서 그 암고양이를 다른 이름으로 부르고 싶은 생각은 없었다. 무엇보다도, 니나는 뭔가를 새로 만들기를 좋아하는 그런 인간형이 아니었다. 그녀의 비창조적 자세는 이 고양이에게 다른 이름을 갖게 하면 이 고양이에게 상상할 수 없는 고통을 안겨줄 수도 있다는 그런 고견에 따른 것이다. 그러나 그녀에겐 '론로나'라는 이름이 떠오르긴 했으나, 그 '론로나'라는 이름은 그녀가 어릴 때 읽었던 고양이 동화에서도 본, 어디에서도 (그 이름이 어디서 나왔더라...) 나오는 흔한 이름이기에, 그런 이름을 취하기도 싫었다. 그 여성은 자신의 어린 시절로 돌아가기를 싫어했다.

니나는 자신이 들고 온 바구니에서 그 고양이를 꺼내 두고는 자신의 작은 주방에 앉았다. 그녀는 계속 걸으면서 화끈거리던 자신의 오른편 무릎을 문지르면서, 멍하니 쳐다보았다. 그리고는 그녀가 자신의 두 눈을 감았다. 그러자 자신이 사는 여러 층짜리 건물에서 벗어나, 어느 무더운 여름날의, 어린 시절 찾아뵈었던 할아버지 댁의 정원에 풍성하게 달려 있던 달콤한 사과들이 생각났다.

자, 이제 할아버지의 사과나무들이 보이고, 이웃집들의 사과나무들도 보인다. 이웃집 사과나무에 달린 사

---

3) *역주: 에스페란토로 '꽃'이라는 이름.

과들이 우리 것보다 더 맛이 있으리라고 누가 의심했던가?

그리고 할아버지 댁과 이웃한 집의 정원 사이에 울타리가 있었다. 그리고 그 울타리 위의 사과나무에 다리가 길고, 얼굴이 붉은 어린 소녀인 그녀가 올라가 있었다. 그리 튼튼하지 않은 나뭇가지에 그녀가 올라서서, 여전히 그 나뭇가지보다 더욱 여린 한 손으로 나뭇가지를 잡고, 또 다른 손으로 가장 맛난 사과들을 따려고 그 나뭇가지를 당기고 있었다.

그리고 그때 일이 벌어졌다. 모든 낙원에서 일어나야만 하는 일이, 만일 사과에 관한 일이라면 더욱 더.

나중에, 그녀는 그 나무에서 추락했다. 그 바람에 그녀는 아팠고, 눈물이 났다. 그리고 이웃 소년들은 어린 그녀의 운동복이 망측한 상황임을 보고는 큰 소리로 웃었다.

그녀가 입고 있던 운동복의 오른쪽 가랑이 속의 오른 다리를 깁스로 고정해 두었는데, 그녀가 바닥으로 떨어지면서 그 깁스가 바지를 찢어 버린 것이다.

그때의 사고 이후로 오른 다리, 더 정확히는 오른 무릎이 날씨가 흐린 날이면 곧장 아파 날씨 변화에 아주 민감했다. 그게 결국, 플로로를 데려오는 일에까지 생겨버렸다. 플로로의 믿기지 않는 치료능력을 시도해 보는 일까지.

그렇게 시간은 흘렀고 무릎의 아픔은 가시지 않았다. 그 암고양이는 자기 자리에 계속 앉아 이미 졸고 있는 것 같았다. 지금에야 니나는 이 상황이 우습구나 하는 점을 인식했다. 성인 여성인 그녀가 필시 꼭 필요하지 않은 곳에 배치된 그 잡지 기사를 어떻게 믿겠는가?

하지만 니나는 다른 방식으로 접근할 결정을 했다. 아마 플로로가 간단히 너무 멀리 앉아있어, 그런 그녀 자신이 아픈 상황을 벗어나려는 기분을 못 느꼈나 보다. 니나는 그 고양이를 집어 들어, 소파의 자기 옆자리에 앉혔다. 그러나 나중에 그녀의 아픈 무릎에도 놓였다. 몇 초 동안 플로로는 정말 아무 움직임이 없었다. 그러더니 나중에는 조용히 자세를 바로 세우더니, 니나가 자리한 소파의 가장자리에서 가장 먼 곳에 자기 다리를 구부린 채 자리 잡았다.

그날, 니나는 아주 씁쓸하게 느꼈다. 그녀는 자신의 병을 치료할 마지막 희망으로 그 고양이 치료법에 관심을 두고 있었다. 그런데, 그곳의 건강 회복이 아니라 해도, 적어도 아픔은 좀 삭여 주리라는 기대도 헛된 일이었다. 그렇게 그들은 서로 멀찌감치 앉았다. 각자 외로운 존재들인 그 둘은 모든 것에 무관심하고, 한편 서로에게 무관심한 채 그 소파에서 가장 멀리 떨어져 앉아있었다.

***

봄이 벌써 오래전부터 자신을 기억하게 했지만, 그것은 창밖의 초록 잎사귀들을 통해서 아니고, 꽃향기를 통해서도 아니고, 새의 지저귐을 통해서도 아니었다. 봄을 기억하게 하는 첫 번째로는, 그녀 도시의 벽들이 말을 걸어오기 시작했다. 또 몇 번의 큰비 뒤에 봄은 회색의 더러운 곰팡이 얼룩들로 옷 수선가게 안으로 몰래 들어왔다. 봄은 전혀 낭만적이지 않고, 자신과는 다른 성을 가진 타인에게 섬세한 사랑의 에너지를 흐르도록 확산하는 것에도 우호적이지도 않았다.

니나는 여전히 외로이 창가에 앉아, 자기 일에만 온전히 빠져 있었다. 만일 이전에 남자 중 누군가가 잠시 그녀의 옷 수선가게를 방문할 기회가 있었다면, 그 사람은 이곳의 허름한 가구에는 관심이 가도, 니나에겐 관심을 보이지 않았다. 고객들은 자신들이 와서, 앉게 된 낡은 의자에 더욱 관심이 가 있었다. 그래도 니나는 전혀 개의치 않았다. 또 전반적으로 그 재봉실에서 그녀와 관련된 일은 많지 않았다.

그녀의 두 귀는 낡은 창가를 통해 도로 쪽에서 들려

오는 뭔가 이상한, 큰 소리에 가 있었다. 그러나 그녀 마음은 한동안 자신의 집에 가 있었다. 그녀가 자신의 일터로 출근해 일을 시작할 때에도 자기 생각은 곧장 집에 가 있었다. 그녀 집은 작은 방 한 칸짜리 주거 공간이고, 그 공간에는 그녀를 기다리는 누군가가 있다. 그게 플로로다.

그녀는 어떻게 모든 일이 벌어졌는지 알지 못했다.

그 일이 그녀에겐 당연한 것 이상의 의미로 벌어졌다. 니나 자신의 삶에서 그녀는 다른 사람보다는 그 고양이가 있음에 기뻐하고 있음을 알아차렸다. 그러고 그 고양이는 그녀를 전혀 두렵게 만들지 않았다. 반대로, 요즘은 그녀를 두렵게 하는 것이 별로 없다. 그녀가 잠을 깬 아침마다, 자신의 옆에 플로로가 있음을 보고는 편안함을 느꼈다. 그리고 여전히 그녀는 밤에 잠들고, 그녀 베개 주변의 자신의 흐트러진 부드러운 머리카락 위에, 마찬가지로 부드러운 플로로가 누워 있으니, 그 둘이 함께 뭉쳐 있는 것 같았다.

니나는 그것이 얼마나 유쾌하게 보이는지를 상상해 보기조차 했다. 그러고 여전히 니나는 집 근처 도로에서 자신의 거주지 현관 앞으로 올 때마다, 플로로가 소파나 의자에 있다가 황급히 뛰어내려, 5층에 있는 그들의 주거지 출입문 앞까지 달려와 니나, 그녀를 만나기 전에는 아무 곳으로도 달아나지 않음을 알고 있다.

그러니, 니나는 정말 매번 그 출입문을 열 때마다 그 암고양이를 보았다. 그녀는 자신의 가방을 내던지고는, 맨 먼저 플로로를 자신의 팔로 안는다.

그러고는 날이 많이 지나고, 달도 많이 바뀌었다.

니나는 자신이 그 동물과 연결되어, 어린아이처럼 그렇게 오래 지내고, 자신의 삶 속에 그밖의 다른 사람은 아무도 찾지도, 필요하지도 않음을 알고서도 전혀 놀라지 않았다.

그녀는 단순히 사람들이란 이런 동물들처럼 -뭔가를 독립적으로 간단히 사랑하는 -그런 상황이 될 수가 없다는 생각이 든 적이 한번은 아니었다.

요즘 봄날에 니나는 무릎이 여전히 아파, 그 무릎이, 마치 사람들이 빨래 뒤에 젖은 옷을 쥐어짜 물을 빼내는 것처럼, 그렇게 저렸다. 지긋지긋한 아픔에 그녀 자신의 힘이 약해지는 것도 느꼈다. 그녀는 아무것도 할 수 없고, 오로지 앉아서 자신의 무릎을, 다소 도움이 되기는 해도 그리 오래는 할 수 없는, 다양한 손톱으로 문질러주는 수밖에 다른 도리가 없었다. 온통 니나의 생각은 저 플로로가 가까이 와서 이 아픈 장소에 와서 누워 주길 갈망하였다. 그래도 그녀는 이젠 약품으로는 의미 없는 치료를 더는 하고 싶지 않았다. 그러나, 정말 이상하게도, 플로로는 그녀 무릎에 한번도 와 보지 않았다.

한번은, (니나가 언제 어디서였는지 이미 잊었지만) 고양이가 사람이 정말 힘든 상황에 빠진 그때, 그때만 그 사람을 돕는다는 것을 들은 적이 있다. 니나는 지금이 바로 그 순간이라며, 바로 지금이 가장 아프니, 바로 지금이 여느 때와 달리 도움이 절실하다고 했다. 그러나 그 도움은 오지 않았고, 기다리는 것 외에는 다른 수가 없었다. 그래서 그녀는 마냥 기다렸다.

"니나, 당신은 이상한 사람이네."

니나의 직장 동료인 마리아가 그 암고양이에게 끌림이 있다는 것을 알고는 뭔가 흥분해서 말했다.

"당신은 가정을 가져, 아이를 가져 봐요. 결국, 사람이 필요해요, 암고양이 말고요."

"하지만 난 사람들을 잘 이해하지 못하거든요."

천진하게 니나는 대답했다.

"그린데 임고양이는... 고양이는 단순한 것보다는 훨씬 더..."

"하지만 당신은 정말 사람이구요. 당신은 여성이고, 여성에겐 더 중요한 것이 있는데, 믿기지 않겠지만, 중요한 것은 혼자 있지 않아야 한다는 것이에요. 늙어 혼자 있게 되면 참을성도 없어지고, 늙음이란 그리 머지않았어요."

"하지만 난 혼자가 아니거든요, 마리아, 그리고 늙음이란, 내 의견엔 두려워해야 할 것도 아닌데요."

마리아 자신은 니나의 마지막 말에 대해 뭐라 답할지 몰랐다. 그래서, 니나는 자신의 의견대로 살아가게 놔두고, 마리아는 자기 일에 다시 집중했다.

니나는 정말 늙음을 두려워하지 않고, 전혀 두려워하지 않았다. 사람들은 정말 늙음을 두려워할까? 무엇보다도 그들은 변화를 두려워한다. 그들은 늙으면, 뭔가 결정적으로 변하는 점을 걱정한다.

그러나, 니나의 삶은 언제나 똑같은 리듬으로, 단조롭다. 그녀 삶은 그녀의 생기 있는, 온전히 직선의 길을 따라(학창시절의 마지막 축제에서의 대화처럼 여전히 익숙하게 말하는 곡선의 길이 아니라), 모든 것을 중립의 색깔로 칠해 가면서 동질의 덩어리로 흘러갔다.

그녀의 어린 시절 염원은 청년기의 염원과 썩 다르지 않고, 따라서, 성숙한 여성으로서의 염원과도 썩 다르지 않았다. 동시에 그녀는 어린아이도 아니고, 천진난만하지도 않고, 총기도 없지 않았다. 간단히 어릴 때부터 그녀는 터무니없는 망상적 환상에 사로잡혀 커 가는 일에는 무관심하고, 판타지 같은 계획에도 전혀 관심이 없었다. 또 너무 아주 강하게 염원하지도 않았다. 니나는 모든 것에서 간단히 살기만 할 줄 알았다. 그녀는 사람들과의 관계도, 인생과 관련해서도 간단했다. 그녀는 이 순간 삶이 자신에게 주는 것 이상의 뭔가를 요구하지 않았다. 삶이 그녀에게 똑같이 관련이 있기를 원했다.

니나는 운명에 도전해보는 것도 좋아하지 않고, 다른 낯선 시도에 관해 듣기조차 싫어했다. 어느 경우에는 그녀는, 아마 그런 시도를 하는 사람들 스스로 죄가 있다고 생각했다. 왜냐하면, 사람들 자신이 더 큰 뭔가를 위한 삶을 요청할 때, 그때 그것은 당신에게도 똑같은 것을 요구할 수 있다고 생각할 정도이다. 그래서 니나의 어린 시절은 그렇게 매끄럽게 흘러갔고, 그렇게 아무도 눈치채지 못하게 청춘으로 흘렀고, 그녀는, 늘 자신이 아가씨로 있는 듯이, 소녀가 더는 아니라는 듯이 행동했다.

또 나중에는 똑같이 성인이 되었고, 지금 그녀는 이

젠 더는 아가씨가 아니라, 이젠 여성으로 늘 있기를 원했다. 그리고 그 똑같음을 노년기에서도 기대했다. 정확히 말하자면, 니나는 아무 변화가 없으리라고 알고 있고, 그녀 주변에는, 적어도 그녀 주변에서는, 그녀 거주지에서는 모든 것이 똑같으리라고 알고 있었다.

니나는 오늘에 대해 기뻐할 줄 알고, 꽃피는 나무들을 보면서, 언제나 차가움을 따뜻함으로 바꿔주는 아침을 자주 대하면서, 맛난 음식들과 좋은 영화들을 보면서 기뻐했다. 그러나 가상 니나를 기쁘게 한 것은 플로로의 존재였다. 그녀는 자신의 두 팔 위로 푹신하고도 따뜻한 플로로 없는 삶을 상상할 수 없을 정도까지 되어버렸다. 그러고, 더 중요한 뭔가는 -니나는 스스로 느끼기를- 그녀가 그 암고양이에게 중요한 만큼 그 암고양이가 그녀를 얼마나 필요로 하는지를 스스로 느꼈다.

* * *

그 남자는 젊은 시절을 오래전에 지났어도 충분히 매력적이었다. 좀 느린 움직임, 탁자를 자신의 손가락으로 쉽게 두들김, 온전히 새로 다림질한 의복 -이 모든 것이 그가 소란을 만들지 않지만, 그의 주변 사람들이 깜짝 놀라 그를 즐겁게 해주는 것에 익숙해 있음을 입증하고 있었다. 그래서 그는 스스로 즐겁게 만드는 것을 좋아하는 것 같았다. 그는 생각에 잠긴 듯이 자리에 앉아, 자신의 두 발을 엇갈리게 꼬았다. 니나는 여러 번 자기 자리에서 그 남자를 유심히 쳐다보았다. 나중에 그녀는 그가 이 수선가게에 왜 왔는지, 아마 자기 바지의 단을 다시 접어 올리려고 왔는지, 아니면 다른 일 때문에 왔는지 기억할 수 없을 것이다. 그러나 이 모든 것은 중요하지 않다. 그런데도, 그녀에겐 가장 중요한 것은 그가 그곳에 자리해 앉아 있다는 점이다.

그는 간단히 자신의 의자에서 기다리는 것이 심심한지, 니나에게 말을 걸 결심을 했다. 그리고 그는 니나에게 말을 걸었다.

"오늘 날씨가 좋은데, 이게, 제 생각엔, 오늘이 봄날 중에 처음으로 진짜 따뜻한 날인가 봐요."

처음에 니나는 대답할 의도가 없었다. 왜냐하면, 간단히 그 말이 그녀에게 전달되는 바를 이해할 수 없었다. 그러나, 깊은 침묵의 몇 초가 지난 뒤, 그녀는, 그래도, 재봉틀에서 바느질에 가 있던 자신의 두 눈을 들어, 방을 둘러보았다. '왜 아무도 저 사람에게 응대하지 않지?' 그렇게 그녀는 생각하고는 눈짓으로 자신의 동료들을 찾아보았다. 그녀는 그곳에 자신과, 자신을 무슨 이유로 바라보고 있는 그 남자 말고도 다른 사람이 보이기를 고대했다. 그런데 니나는 그 가게에 그들 두 사람만 남아 있음을 알았을 때, 뭔가 이상한 흥분이 휘감았다.

그녀는 어떻게 피가 자신의 얼굴로 올라오는지, 두 손에 땀이 나기 시작하는지 느꼈다. 그녀는 오늘 함께 일하던 여성 동료인 바느질꾼 두 사람이 어디 들를 곳이 있다는 이야기를 간단히 잊을 정도로 자기 생각에 골똘해 있었다. 그녀는 그들이 어서 자신들의 일터로 복귀하기만 고대하고 있었다. 그러나 그 두 사람은 아쉽게도 거의 땅이 집어삼킨 듯, 어디에도 보이지 않았다. 또 그 남자가 니나 옆이 아닌, 다른 사람의 테이블에 있어도, 니나는 그의 향수 내음을 알아차릴 수 있고, 그 때문에 더욱 마음이 심란해졌다. 그녀는 간단히 출구를 찾지도 못했다.

그녀는 자신이 그에게 무슨 말로 답해야 하는지 하는 생각도 하지 않은 채 그를 한번 바라보았다. 그랬다. 날씨는 좋았고, 그 날은 정말 따뜻한데, 그래서 뭘 어떻게? 니나는 사람들이 어떻게 날씨 이야기를 하는지 결코 이해가 되지 않았다. 그녀는 조용히 있음을 참지 못해 말을 하는 그런 부류의 사람도 아니었다.

그렇다고 그녀가 무슨 일로 사람을 피하는 그런 여성도 아니었다. 그녀는 간단히, 정말 필요할 때만 말하기를 좋아했다.

솔직히 말해, 니나는 아름다운 옷차림의, 그런 소중한 관리 형의, 희끗한 수염을 지닌 그런 남성들과 능숙하게 대화를 나눌 줄을 몰랐다. 니나는 지금까지 아무 말로도 답하지 않았다. 그녀는 이미 모든 것이 어떻게 지나갈 것으로 생각했다. 그러나 그 남자는 그녀를 평화로이 놔둘 의도가 없었다.

"당신은, 창가 쪽에 앉아 일하시는 게 행운이네요. 창밖 도로 쪽에 아름다운 광경이 필시 펼쳐질 거니까요."

그 남자가 니나를 향해 살짝 웃자, 그녀는 자신의 양 볼이 확 달아오르는 것을 느끼면서 자기편에서 고개를 끄덕였다.

"당신은, 부인… 아세요?" 그는 자신의 안경 너머로 니나를 향해 묻는 듯이 쳐다보자, 그때 그녀는 더는 혼비백산하지는 않았다.

"니나라고 해요." 그녀는 겨우 들릴 듯 말 듯 목소리로 말했다.

"그럼, 니나 부인, 이를테면 저 도로, 당신 창가 바깥에 있는 저 도로와, 이 일터를 포함해 즐겁게 일하고 있는 이 구역이 우리 도시의 가장 옛 도심 중 하나임을 아세요?"

그는 테이블 옆의 낡은 의자의 등에 기댄 채 앉아있었다. 그의 왼손은 자신의 호주머니에 두고, 그의 오른손은 그 테이블 위의 바로 앞에 놓인 자를 가지고 놀고 있었다.

"저는 몰랐어요." 그녀는 자기 일을 계속하면서 고개를 내저었다.

이 사람은 무슨 교수나 되나 보다 하고 니나는 생각했다. 그녀는 확실하지 않았으나, 바로 그런 모습이, 그녀 상상 속에서는, 진짜 교수이거나, 학문 분야의 박사이거나, 또는 박학다식으로 존경받는 그런 남자 그룹에 속하는 사람으로 보였다.

"한때 이곳에 맨 먼저 우체국이 들어섰고, 맨 먼저 극장이 들어섰어요. 오, 만일 우리 시민에게 그 당시 극장이 얼마나 중요한 곳인지 부인이 아시기라도 한다면! 저녁에는 시민들이 사방에서 이곳으로 모여들었답니다."

그의 목소리가 크고 반쯤 비어 있는 방 안에서 들려왔다.

그 소리는 벽면에서 메아리 되어, 스스로 그 공간을 채웠다. 그 남자는, 마치 연주 지휘자가 연주봉을 휘두르듯이, 자신 앞에 놓인 자를 흔들었다. 이제 니나는 이 남자가 교수가 아니라, 필시 배우, 아주 유명 극장 배우로 여겨졌다.

그리고 그 남자가 니나를 유심히 보면 볼수록, 더 자주 니나는 뭔가가 괴로운 심정이었다. 그녀는 평소에 핀을 빼 둔 채로 생활하던, 늘어뜨린 자신의 붉은 색의 부드러운 머리카락을 연이어 매만지고, 언제나 그녀의 가는 두 팔에겐 자신이 입은 웃옷 소매가 너무 짧아, 이 옷을 아래로 끌어당기기만 했다.

"그리고, 니나 부인, 당신이 가장 좋아하는 예술이 뭐죠?"

그 남자의 두 눈은 반짝였다. 니나에겐 그렇게 보였지만, 사실 그의 안경이 반짝였을까?

그녀는 재봉틀에서 자신의 눈길을 떼지 않은 채로 그 남자에게 솔직하게 말했다.

"잘 모르겠어요."

니나는 자신의 대답에 부끄러워했다. 이전에 그녀는 그런 하찮은 일로 한 번도 불편을 느끼지 않았지만, 지금 그녀는 더욱 현명한 뭔가를 말하고 싶었다.

"아-하-하!"

그 남자가 웃기 시작했다.

"니나 부인, 당신 말이 맞아요. 우리는 예술을 잊어버렸네요. 내게 예술 말고 다른 좋아하는 걸 말해 봐요 ...예를 들어, 집에서는, 자유로운 시간에는 무슨 일에 관심을 많이 가져요?"

그 질문에 니나는 이미 답을 알았다. 필시 그 플로로가 그녀의 가장 관심이 가는 것이다.

"집에서는 암고양이를 키우고 있어요."

"아, 그럼 그 고양이 귀엽지요..."

남자는 다시 살짝 웃었지만, 니나는 그의 목소리에서 뭔가 익살 같은 것을 느꼈다.

"그래, 그 고양이 이름이 뭔가요?"

"플로로예요."

"알다시피, 내가 그런 주제로 조사를 한번 해 본 적이 있는데, 당신 나이의 여성들은 동물에 가장 마음을 많이 준다고 하던데요."

그것은 니나를 좀 당황스럽게 했고, 아쉽게도 그걸 왜 내가 말했나 하고 후회하기도 했다.

"저는 간단히 내 플로로가 좋아요, 그리고 고양이도 저를 좋아해요."

그 남자는 자를 테이블에 놓고, 지금 더욱 주의 깊게 니나를 쳐다보았다.

"나의 귀여운 여인이여, 내가 당신을 꿈에서 깨우는 게 아쉽지만, 나는 그걸 해야겠어요, 그 일은 이렇습니다. 고양이나 동물들은 사랑할 줄 모른다는 점이 핵심입니다. 그들은 그 점에 대해 죄가 없지만, 단순히 그런 것이 그들 천성입니다.”

니나도 이 말엔 자신이 하던 일을 멈추고 그 남자에게 몸을 돌렸다. 그가 그녀의 가장 아픈 점을 그렇게 빨리 찾을 수 있단 말인가? 니나를 단순히 분개시킨 것은 그의 마지막 말이었다. 니나는 자신을 방어하기 시작했다. 왜냐하면, 그 낯선 사람이 그녀의 아주 귀중한 뭔가를 비난했기 때문이었다.

“어떻게 바로 내 플로로의 천성을 알 수 있나요? 선생님이 무슨 말을 했는지 모르는군요.”

“만물은 아주 간단하고, 모든 암고양이도 마찬가지랍니다.”

“아니에요, 같지 않아요. 그 암고양이가 일하고 있는 나를 어떻게 보러 오는지, 내게 얼마나 다정하게 들이미는지를 본다면, 또 그 암고양이가 내게 짓궂게 할 때를 본다면, 선생님은 그리 말하지 못할 겁니다. 그 암고양이는 나를 사랑하고 있답니다. 다른 누구와는 달리.”

“니나 부인, 저는 심리학에서 학위를 갖고 있어요. 그러니 제 말을 믿어요. 저는 제가 말하는 바를 잘 알고 있어요. 동물들은 사랑할 줄 모릅니다. 그건 그들에게 자각이 존재하지 않거든요. 자각이란 그것으로 사람들은 자신을 인식하는 과정을 가리키는 용어입니다. 그 자각 덕분에 사람은, 다른 사람이 이해하듯이, 남자나 여자에게 일어난 사건들을 이해할 뿐만 아니라, 그걸 분석하기도 합니다. 사람이 누군가를 사랑할 때는, 그나 그녀는 그 점을 자각합니다.”

"그런데, 나의 암고양이는, 만일 그 동물이 나를 사랑하지 않는다 해도, 그리 행동할까요? 어떻게 그 점을 사람들은 설명할 수 있어요?"

니나는, 자신의 목소리가 더는 확실하지 않지만, 여전히 자신의 주장을 굽히지 않았다.

"동물들은 반사적 천성의 지식을 지니고 있습니다. 하지만 그들은 그 지식을 인식하지 못합니다. 그들은 그 사랑을 갖지 않고, 그 감정은 끌림이나 습관일 뿐입니다. 만일 당신의 편에 누군가 다른 사람이 있다면, 당신의... 저... 뭐라든가 그 플로로는, 만일 제가 틀리지 않았다면, 그 상대가 남자든 여자든 똑같이 행동할 겁니다. 암고양이는 그 집 안주인이 출입문을 열때, 그 출입문으로 달려올 것입니다. 왜냐하면, 그 안주인이 지금 그 암고양이에게 먹이를 주려 한다는 것을 알기 때문일 겁니다. 마찬가지로 그 암고양이가 사람의 다리를 문지를 경우도 있습니다. 왜냐하면, 그 뒤엔 고양이는 보살핌으로 보상을 받는 것에 익숙해 있기 때문이지요. 그것이 전부입니다. 낭만이 있을 수 없는 곳에서 낭만을 찾지 마세요."

그 남자는 다시 자신이 들고 있던 그 자에 몰두하기 시작했다. 그는 그 자로 테이블을 살짝 때리기도 하고, 그의 온 모습은, 그의 거의 보일 듯 말 듯한 살짝 웃음을, 분명하게도 자신이 한 말에 대해 만족하고 있음을 말하고 있었다. 니나는 그 언쟁에서 아무 승산이 없었다. 그 사람은 자신의 뒤에 과학을 갖고 있고, 그녀는 단지 자기 자신의 확신만 갖고 있어도 그 확신조차도 그리 확실한 것이 아님은 더욱 분명해졌다. 지금 니나는 대꾸하지 않고, 간단히 자신의 두 손만 내려다보고 있었다.

하지만, 니나는 마음이 상하지 않았다. 간단히 그 남자의 마지막 말에 자신이 답하지 못해 충분히 기분이 우울해졌다. 그 남자는 그녀 얼굴에서의 변화를 주목하였고 그런 분명한 그녀 옆모습에도 주목했다. 그는 그녀의 그런 밝고, 거의 투명하고도, 햇빛으로 생긴 검버섯 뒤로 여전히 숨겨진 젊은 피부에도 주목했다. 그녀는 창가에 앉아, 온전히 햇빛만 받고 있고, 그 순간 그에겐 그녀가 정말, 정말로 아름다웠다. -성스럽고, 깨끗하고 죄 없는 모습. 그 순간 그는 그녀의 손을 그렇게 잡고 싶었다! 그리고 그는 지금까지는 자신에게 생겨나는 사랑의 모험적 쾌락을 한번도 거부하지 않았기 때문에, 오래 생각할 겨를도 없이, 그녀 발아래로 자신을 던졌다.

"오, 나의 연인이여, 제가 간단히 당신을 니나라고 불러도 되나요?"

그리고 그녀 대답을 기다리기도 전에 말을 이어갔다. "그렇게 슬퍼하지 마세요. 사랑이란 존재합니다. 그리고 어느 때에는 그 사랑은 온전히 가까이에 있답니다. 아주 가까이에, 사람들이 어디를 바라보고 있는지만 알면 됩니다."

그가 이 모든 말을, 니나의 무릎 옆에서 몸을 웅크린 채로 말하고서 그녀의 떨고 있는 손을 세게 잡았다. 니나는 그런 갑작스런 공격적인 행동에 좀 두려웠지만, 무슨 일이 일어났는지 곧장 이해하지 못했다. 그리고 그녀가 그 손을 **빼**내려고 했을 때, 이미 너무 늦었음이 분명해졌다. 그는 그녀 손을 자신의 따뜻한 두 손바닥으로 잡고, 여러 번 그 손을 자신의 입술에 가져갔다. 좀 전만 하더라도 니나는 기분이 우울해져 있었는데. 그 남자의 말이 그녀를 혼비백산하게 만들었다. 그녀는 자신의 마음속에 그에 대해 화가 치민 때도 있었다. 왜냐하면, 그가 그녀의 가장 귀한 존재인 플로로를, 그녀의 부드럽고도 사랑하는 암고양이를 비난하는 결기를 보였기 때문이다. 여전히 몇 분 전에는 그녀는 그에게 그런 비난의 말을 더는 못하게 날카롭게 답하고 싶었었다.

그런데 지금... 지금은 니나는 자신의 생각을 정리할 수조차 없고, 이 방이 빙빙 돌아가는 것 같았다. 만일 그녀가 지금 서 있다면 그녀는 간단히 두 발로 서 있을 수도 없었으리라. 이제 그녀는 자신의 무릎에도 그 남자의 손길을 느끼게 되었다.

그녀 자신은 그 남자에게 그만하기를 원하는 것같아도, 왜 그녀는 여전히 그에게 아무 말도 하지 못하고, 그런 말 전부를 중단시키지 않는가?

니나는 자신의 재봉틀 앞 의자에 앉아, 자신을 움직이는 것을 두려워할 정도였고, 숨을 들이쉬거나 내쉬는 것을 두려워했고, 그 남자를 바라보는 것마저도 두려워했다. 그 남자는 그녀에게 얼마나 아름다운지, 그녀 살갗이 얼마나 섬세한지 말하고 있었다.

그러나, 이런 말을 거의 들어보지 않았던 니나로서는

이 모든 일이 자신에게 일어났다는 것을 믿을 수 없었다. 그는 분명히 그런 놀음을 좋아했고, 그는 뭔가를 중얼거리며, 자신의 안경 아래 니나만 바라보고는, 자신의 은퇴 나이의 몸이 그의 영혼과 마찬가지로 아직도 그렇게 젊다고 느끼면서도 행복한 순간이구나 하고 느꼈다.

니나는 온전히 떨고 있었고, 그 많은 세월 동안 아마 처음으로 자신을 여자로 느꼈고, 자신이 행복함을 느꼈다. 그러나 그 두 사람의 감정의 폭발, 그런 행복의 폭발은 오래 이어지지는 않았다.

수선가게 밖 복도에서 사람들의 발걸음 소리가 들려왔고, 나중에 사람들 목소리도 들려왔다. 그 사람들이 가까이 오고 있었다.

그 두 사람은 무슨 일이 일어났는지 곧 알게 되었다. 니나는 자신의 의자에서 일어나, 테이블로 아직 더 자신의 테이블로 가까이 움직여 자신의 숨을 고르게 하려고 애썼고, 그 남자는 발로 일어나서는, 큰 소리로 한숨을 내쉬면서 -마치 그의 등이 아프기 시작한 것처럼- 그리고 그녀의 귀 옆에서 헐떡거리며 뭔가를 속삭였다.

니나가 알아들은 몇 마디 말은, '내일 저녁 8시 미츠키에비치[4] 동상에서', 하지만 그것으로 그녀에겐 뭘 말하는지 이해하기엔 충분했다.

일꾼인 여성 동료들이 수선가게로 돌아온 이후, 니나

---

4) *역주: 가장 위대한 폴란드의 시인(1798~1855), 폴란드 독립에 삶을 바친 투사.

는 그 남자를 다시 볼 용기가 나지 않았다.

그녀는 짧게 "고맙다"는 말을 들었고, 그 뒤로 닫히는 문의 철-컥-하는 소리를 들었다.

그때야 니나는 자신의 의자 등에 자신을 기대고 한동안 그 창문을 바라보았다.

동료 여성들은 니나의 경직된 모습을 서로 바라보면서 그런 꿈 꾸는 듯한 순간의 모습은 특별한 일이 있을 때 생기는 일이라면서, 또 소리 없이 키득거리며 웃어 보였다. 그리고 서로의 눈길을 교환했다.

그러나 니나는 계속해서 지나가는 사람들을 내려다보고, 옛 회색 집들을 바라보며, '저 도로는 정말 아주 좋구나, 정말 오래되었구나'하고 생각했다.

축축함과 차가움의 바람이 불어오는 어느 옛 폴란드 집을 나선 그 남자는 따뜻한 봄의 햇살로 넘치는, 풍부한 거리로 나서서, 햇살 없이도 완벽한 자신의 옷을 흔들며, 놀랍게도 자신에게 방금 있었던 일을 다시 기억했다. 그의 두 손은 조금씩 흔들기를 멈추자, 바로 방금 달아오른 얼굴은 자신의 평소 모습으로 돌아오는 중이었다.

'그게 뭘까? 왜 바로 그 여성일까?' 지금 그 남자는 바로 그렇게 그녀 모습에서 자신을 매료시켰던 그 뭔가가 아무래도 생각나지 않았다.

그는 자신의 등 뒤에 있는 저 회색 건물을 다시 돌아보고는, 자신의 고개를 흔들며, 그가 뭔가로 온전히 잊고 있던, 충분히 이미 늦어 버린 다음의 행사장으로 서둘러 갔다.

* * *

니나는 벤치에 앉아 추워 이를 덜덜 떨며 기다렸다. 이렇게 바람이 세차게 부는 날, 저 위에서 미츠키에비치 동상이 너무 얇은 옷으로 입고 있는 여성을 엄하게 꾸짖는 듯이 내려다보고 있었다. 그녀는 몇 년간 한 번도 옷장에서 꺼내입지 않았던 자신의 유일한 원피스 말고 다른 뭔가를 걸칠 수 없었다.

그녀는 몸을 좀 덥히기 위해 합성피혁 원피스로 겨우 가린 것 같은 자신의 예민한 무릎을 서로 비벼 보았고, 오늘 같은 날에 쓰려고 특별히 장만해 둔 구두 뒤축으로도 비벼댔다. 그녀는 자신의 귀에 귀걸이와, 작은 십자가가 달린 금줄도 착용했고, 입술에 화장도 했다. 그녀는 자신의 얼굴에 평소 바르는 것보다 짙은 화장을 했다. 지금 모든 것이 그녀를 보고 있는 듯했다.

니나는, 만일 라일락 관목들 뒤의, 가장 먼 벤치로 자리를 옮겨, 만일 그가 그녀를 그곳에서 만나기를 감수한다면, 오래전부터 기다릴 생각이었다. 그녀는 예정시각보다 5분 일찍 도착했다. 그녀는 어디라도 약속된 정시에 도착하는 것을 좋아했고, 여자가 약속에 늦게 나타나야 한다는 것에 대하여 몰랐다. 왜냐하면, 단순히 한 번도 그런 약속에 간 적이 없었기 때문이다. 그래서 그녀는 자기 생각에 깊이 빠져버릴 시간이 아직은 좀 더 있었다. 니나는 그 남자와 어제 나눈 대화를 다시 생각하고는, 그가 한 말이 실제로 맞다고 생각했다.

동물들과 사람은 절대로 평등해질 수 없으리라. 사람

만이 함께 느끼고, 용서하고, 친구를 사귈 수 있다. 사람만이 평생토록 그렇게 열정으로 헌신적으로 사랑할 수 있다. 니나는 확실히 알 수 없었다. 왜냐하면, 그녀 자신은 누군가를 그렇게 평생 사랑해 본 적이 없었고, 아무도 그녀를 사랑해 주지 않았음을 알았지만, 그녀는 곧 이 모든 것이 자신에게 일어날 거라고 느꼈다. 처음으로 그녀는 그것을 고대하고 있었다.

어제 일터에서 집으로 귀가하면서 그녀는 온전히 다르게 자신의 플로로를 바라보았다. 아니, 니나는 자신의 암고양이를 없애버릴 의도는 없었지만, 어제서야 그녀는 자신의 온전히 골골거리는 고양이 소리 같은 사랑은 진실이 아님을 이해했다.

아마 마찬가지로 플로로는 자신의 이전 안주인에게도 벌써 달려갔을 것이다. 그리고 니나 이후에 만나게 될 다른 사람에게도 그 고양이는 여전히 달려갈 것이다. 그날 저녁, 니나는 플로로 없이 텔레비전을 시청하였고, 고양이를 안지도 않고, 소파 위에서 고양이와 누워 있지도 않고, 고양이의 골골거리는 소리도 듣지 않았다.

그날 밤, 니나는 미츠키에비치 동상 아래에서의 내일 만남을 생각했고, 오랜 시간 잠을 이룰 수 없었다.

그리고 이제 그녀는 차가운 바람을 맞으며 떨면서, 여기, 이 기념 동상에서 가장 가까운 벤치에 있다. 그리고 아직도 그 남자는 여기에 오지 않았다. 시계가 8시 20분을 가리켰지만, 니나는 화를 낼 생각도 하지 않았다. 그녀는 도시에서 사람들에게 일어나는 다양한 사건 사고에 대해, 나쁘게도 작동하는 교통수단에 대해, 길에서의 푹 파인 구덩이에 대해, 직장에서 있을 수 있는 문제들에 대해, 그리고 또 다른 많은 일에 대해 곧 생각해 보았다. 그녀는 그 남자가 늦는 데에는 수십 가지의 변명거리가 있으리라고 생각했다. 그러나 시계가 9시에 가리키는 쪽으로 가면 갈수록, 그만큼 변명거리들의 수효는 줄어들었고, 시침이 10시에 가 있음을 보았을 때, 이제 변명거리는 온전히 없어져 버리고 말았다.

니나는 벤치에서 일어나, 미츠키에비치 공원을 떠났다. 이젠 회색 수염을 가진 그 남자를 더는 만나지 않으리라.

니나는 그녀가 그 도심에서 벗어나 수 킬로미터의 거리를 지나 집에 도착했음도 알지 못할 정도였다. 그녀는 자신의 몸을 에워싸는 바람과 무거운 생각만 기억해 냈다. 그 무거운 생각들은 그녀를 여전히 잡고 있었다. 그러나 그것은 불행한 사랑이나, 깨어진 마음이나, 용서할 수 없음에 대한 생각이 아니었다. 아니었다. 그녀는 그런 생각 속에서 간단히 조금씩 현실로 돌아오고 있었고, 고상한 사람에 대한 자신의 환상 같은, 저 높은 곳의 꿈에서 내려오고 있었다.

니나는 여느 때의 니나로 돌아왔다. 그러나 지금 니나에겐 뭔가 새로움을, 바로 앞의 환상에서 깨어나게 만든 씁쓸한 맛을 느꼈다. 그녀는 더는 자신이 이전에 그러했듯이, 그런 사람들에 대해 무관심한 채로 남아 있을 수 없었다.

그녀는 그들을 향해 화를 냈을까?
아주 조금은.
그녀는 자신이 속았다고 느꼈을까?
필시. 그녀는 사람만이 사랑할 수 있음을 아직도 생각했을까?
부분적으로.
왜냐하면, 그녀는 사람들이 서로를 앙숙으로 남은 채 있을 수 없음을 여전히 믿고 있었다.
바로 그 순간, 니나는 자신의 더러운, 그렇게 매번 일어나듯이, 불이 꺼진 아파트 출입구로 들어섰다. 그녀는 도로 쪽 출입문을 열고는, 어둠 속으로 분명히 걸어갔고, 추위로 인해 여전히 떨고 있었다. 그녀는 반사적으로 자신의 손을 앞으로 내밀어, 몇 걸음 앞에

나 있는 난간을 더듬어 찾을 수 있기를 희망하였다.

그런데 바로 그때, 난간 대신에 그녀는 뭔가 이상한 것과 부딪쳤다. 니나는, 그 뭔가가 자신의 등 뒤에서 앞으로 뻗은 팔을 아프게 잡아채였고, 그때 누군가 그녀 입을 막았다. 그때는 미처 두려워할 시간도 전혀 없었다.

니나는 두려움 때문이거나, 아픔 때문에 어느 손바닥을 향해 아무 소리도 내보지 못한 채 고함을 질렀다. 그러자 지금까지 어둠 속에 숨어 있는 사람이 그녀의 배를 쳤다. 니나는 다시 외쳤지만, 다시 아무 소리도 나오지 않았다. 그녀는 웅크리고 싶었지만, 그렇게도 할 수 없었다. 누군가 그녀 귀에서 "움직이지 마!"라고 속삭였기에, 그녀는 꼼짝도 못했지만, 그녀 눈물만 움직였다. 그 눈물은 그녀 두 눈에서 다른 사람의 손에 떨어졌다.

또 다른 한 사람이 니나 얼굴을 손전등으로 밝게 비추고는, 주저 없이 그녀 귓가에 걸려 있던 금귀고리와 목걸이를 낚아챘다. 지금 그녀는 자신의 귀 한쪽에서 자신의 목으로 흘러내리는 핏방울도 느꼈다.

그자가 그녀의 두 손에 든 핸드백마저 낚아채 가도 그녀는 저항하지 못하고, 어쩔 수 없이 그대로 내버려 두었다.

나중에 그녀 뒤에 있던 자가 자신의 포옹을 풀자, 그 둘은 니나를 도로 쪽 출입문과 첫 계단 사이의 차가운 시멘트 바닥에 주저앉는 것을 내버려 두고 유유히 사라졌다.

니나는 큰 소리로 울먹였고, 지금은 그녀가 자신의 울음소리를 들을 수 있고, 그녀 주위의 사람들도 이를 들었음이 분명했다. 그녀는 난간에 자신의 손을 잡고서 오랫동안 올라갔다. 왜냐하면, 그녀는 자신의 다리를 절뚝거리며 걷고 자신의 오른손은 배를 움켜쥐고, 자신의 거주지인 5층까지 몸을 끌며 갔기 때문이다. 그러나 다른 집의 출입문은 열려 있지 않았다.

그녀는 웃옷 호주머니에서 열쇠를 꺼냈다. (그녀가 그걸 습관적으로 그곳에 넣어둔 것은 다행이었다.) 그러고는 그 출입문을 열었다.

복도에서 니나를 기다린 것은 플로로였다. 그 암고양이는 그녀를 가장 큰 눈으로 쳐다보고, 모든 것을 이해하는 듯하였다. 니나는 이제야 자신을 이기지 못하고서, 그 암고양이 앞에 무릎 꿀 듯이 쓰러져서는, 그 고양이를 안고 울고, 고양이의 몰랑한 털에 입 맞추며 또 울었다. 니나가 정신을 차려 욕실로 미끄러져 갈 때까지 그 복도에서 그 둘은 그렇게 누워 있었다.

플로로는 니나를 출입문에서 기다리다가, 니나가 소파에 앉게 되자, 고양이도 그녀 옆 바닥에 앉았다. 니나는 뭔가 다른 것을 생각할 수 없고, 자신의 배가 어떻게 아픈지, 자신의 귀가 어떻게 아픈지, 날씨가 바뀔 것을 예측하면서 무릎이 난폭할 정도로 꼬이는 듯 아픈지만 느껴왔다. 자주는 아니어도 그녀 눈에서 눈물이 또 흘러나왔다.

니나에겐 그런 적이 이전에는 절대로 없었기에 쓸쓸했다. 그녀는 자신의 기본 원칙을 깨는, 삶이 그것으로 공포의 모험을 선물했다. 그녀는 자신을 불쌍히 여기려고 하지 않았지만, 위로가 되었다.

그녀는 급히 자면서 모든 걸 잊어버릴 수 있어 기뻐했지만, 자면서도 참을 수 없는 아픔 때문에 그녀는 꿈만 남아 있었다.

갑자기 그녀는 플로로가 그녀 침대에 올라오는 것을 느꼈다.

암고양이는 조용히 야옹-야-옹-거렸다...

니나는 무슨 종류의 음악보다 그 소리를 언제나 좋아했다. 일상적으로 플로로가 보통 베게 옆에 누워서 공처럼 자신을 웅크린 채 누워 있구나 하고 니나는 생각했다. 지금도 그렇게 있으리라고 생각했다.

하지만 그녀는 틀렸다.

플로로는 그녀의 아픈 무릎 위에 바로 와서 누웠다. 니나는 따뜻한 솜털 같은 몸을 느끼고, 그것을 숨쉬면서 느끼고, 이 모든 것은 그녀가 마치 요람 안에 있으면서 흔들리듯 편안하게 해주었다.

이미 반쯤 잠에 빠져들면서 니나는 이미 자신의 무릎이, 자신의 배도, 자신의 귀도 아프지 않았다. 전반적으로 아무것도 더는 아프지 않고, 놀라게 만들지는 않았다.

그녀는 애달픔, 공격, 환상에서 깬 것과 같은 것을 느끼지 않았고, 그녀가 얼마나 세게 플로로를 사랑하는지, 얼마나 플로로가 그녀를 사랑하는지 그 점만 느낄 수 있었다. (*)

Floro

***

Kaj ĉio komenciĝis tute ne banale, ne tiel, kiel ĉe la plimulto de homoj. Ne pro la deziro donaci neprofiteme al iu amon kaj zorgadon kaj same akcepti ilian amon kaj zorgadon. Ĉar delonge venis al ŝi kompreno, ke sen ŝia amo ne nur la mondo, sed ankaŭ koro de eĉ unu persono ne haltos. Ĝis nun ŝi ne havis okazon renkonti homojn, kiuj postulus de ŝi tiun amon. Kaj interna nekomprenebla, probable denaska asketismo ne permesis vidi bezonon je aĵoj aŭ sentoj, kiujn ŝi ĝis nun tute ne bezonis. Sekve temis pri io alia, multe pli pragmata. Temis pri helpo, antaŭ ĉio al ŝi, kaj poste ankaŭ pri oportuna kunekzistado. Sed komence estis artikolo en loka gazeto.

Kiel katinoj kuracas homojn
... ili povas ĝuste determini malsanan lokon de homo kaj sanigi ĝin ... kuŝiĝas sur malsanan korpoparton, varmigas kaj masaĝas ĝin ... kreas specialan energian fonon ... senigas je depresio, sendormeco, hipertensio, artrito kaj eĉ infarkto, ... kuracas ginekologiajn malsanojn

kaj problemojn de la spirsistemo ... kontribuas al pli rapida cikatriĝo de vundoj, forigas kapdolorojn ....

Ŝi simple fiksrigardis la artikolon legante la liniojn kun la listo de malsanoj, kiujn tiel facile povas kuraci simpla kato, kaj nur flugrigardis tiujn liniojn, kie temis pri la amo, kiun tiuj bestoj donacas al siaj mastroj, kaj pri tio, ke tiu kuracado okazas plej probable sur la psikologia nivelo, kaj ke tiu longa kaj klopoda procezo dependas ankaŭ de la mastro, kiu devas agordi kontakton kun besto, se eblas tiel diri, fidi ĝin. Tiuj lokoj en la teksto pri amo ŝi perceptis kiel ĝeneralan fonon de ceteraj gravaj faktoj. Ŝajnis, ke "amon" homoj enŝovas ien ajn por fuŝmiksi la tekston ŝtopitan per datoj kaj eventoj, eble, ke ĝi ne ŝajnu tro malfacila por legado kaj posta asimilado (digestado?). Iom simile al tio, kiel oni trinkas akvon post solida nutraĵo por ne glutsufokiĝi. Kompreneble, akvo estas vivonecesa, oni ĝin ĉiam bezonos, tamen ĝi ja estas tia ... tia seneca, sen odoro kaj sen gusto. Amo por Nina estis akvo. Amo estas io sen odoro kaj gusto. En sia vivo ŝi neniam rimarkis ĝin. Sed eble amo falis sur ŝin kiel pluvo per etaj porcioj? Sed tiam amo estis ensorbata per ŝia korpo, kaj Nina denove nenie rimarkis ĝin. Tamen Nina jam kutimiĝis, ke homoj ofte agas tiamaniere rilate al amo, provas profiti de ĝi. Tial ĉion gravan por si en la artikolo ŝi ekvidis, kaj la negravan ekvidis kaj forgesis.

Jam sekvatage Nina iris hejmen ne sola. Enkorbe kuŝis silentiĝinta timigita katino. Plenkreska individuo, neniuokaze katido. Nina ne havis eĉ plej etan deziron klopodi ĉirkaŭ la katido, manĝigante ĝin el boteleto, lerni ekskrementi en la sablon kaj, Dio gardu, ludi kun ĝi aŭ ĝenerale dediĉi al ĝi pli da atento ol necesas por kvieta kaj paca loĝado sur komuna teritorio. Do ŝi trovis tion, kion volis – jam ne junan katinon, kiun ne plu favoris ŝia mastrino, amikino de Nina, aŭ, pli ĝuste, kolegino. La katino jam delonge ĉesis esti freneza amuza kreitaĵo, kiu tutajn tagojn kuradis tien kaj reen tra la loĝejo, gratis tapetojn, pendis sur kurtenoj, amuzante per tio domloĝantojn, anstataŭe ĝi estis trankvila, indiferenta, iomete pigra kaj, kiel ŝajnis al ĉiuj, maljuna.

Survoje Nina vizitis vendejon kaj aĉetis

senelekte iun katan nutraĵon, pretiĝante por plej malbonaj situacioj. La virino jam imagis al si terurajn bildojn de nekredebla sopiro de la besto al sia ĝisnuna hejmo, al ŝi ŝajnis, ke ŝi jam aŭdas akran senesperan katan hurladon kaj eĉ supozis, ke finfine ŝi devos redoni la katinon.

Sed la vivo komencis donaci al Nina siajn misterojn. Komence donaci kaj poste jam malkovri ilin. Kaj la unua mistero iĝis Floro. Tiel nomiĝis la katino, kiun Nina ĝuste nun estis portanta en sia korbo en la loĝejon. Tiel ĝi nomiĝis denaske, kaj en la kapon de Nina neniam venus la penso nomi la katinon alie. Unue, Nina estis nekreema homo. Ŝia nekreemo atingis tiajn altaĵojn, ke simple elpensi nomon por la katinjo kaŭzis neimageblajn mensajn suferojn. Kompreneble, al ŝi venis la penso pri io simila al Ronrona, kaj Ronrona ĉiam kaj ĉie asociiĝis kun infanverseto pri Katinjo Ronrona (kie vi estis ...) kaj pro tio ŝiaj suferoj eĉ pli intensiĝis. La virino ne ŝatis rememori sian infanecon.

Nina elkorbigis la katinon kaj mem sidiĝis en malgranda kuirĉambreto. Ŝi rigardis vake, frotante sian dekstran genuon, kiu ankoraŭ survoje ekbrulis. Kaj ferminte la okulojn ŝi falis tra kelkaj etaĝoj en varman sukan someron, kiu estis plena de varmaj sukaj pomoj en la ĝardeno de ŝia avo. Jen estas pomarboj de la avo, kaj jen la najbaraj, kaj kiu dubus, ke sur la najbaraj pomarboj pomoj estas pli bongustaj. Jen estas la barilo inter la ĝardenoj, kaj jen super la barilo estas ŝi, ruĝa longkrura bubino – staras sur la maldika branĉo, tenas sin per ankoraŭ pli maldika maneto je alia branĉo, kaj per la dua tiras sin al tiuj pli bongustaj pomoj. Kaj tiam okazis tio, kio devas okazi en ĉiu paradizo, eĉ pli, se temas pri pomoj. Poste estis dolore kaj estis larmoj. Kaj la najbaraj knaboj ridegis ankoraŭ daŭre, vidinte ŝian sportpantalonon, kiu minacis malkudriĝi, tirite sur gipsobandaĝon sur la dekstra kruro. Kaj ĝuste la dekstra kruro, kaj pli ĝuste la dekstra genuo, reaganta al ĉiuj veterŝanĝoj, estis destinita al Floro, al ĝiaj nekredeblaj kurackvalitoj.

Sed tempo pasis, genudoloro ne ĉesis, kaj la katino plu sidis sur sia loko kaj ŝajnis jam dormeti. Nur nun Nina konsciis ridindecon de la situacio. Kiel povis ŝi, adolta virino, kredi la artikolon, kiu ŝajne estis destinita nur por okupi superfluan spacon sur la paĝo? Sed tamen Nina decidis provi alian varianton. Eble Floro sidas simple tro malproksime kaj ne sentas iujn tiajn ondojn, kiuj devus eliri de la malsana loko? Nina prenis la katinon kaj sursofigis ĝin apud si. Kaj poste – sur sian malsanan genuon. Floro dum kelkaj sekundoj vere ne moviĝis, sed poste trankvile stariĝis kaj kuŝiĝis, fleksinte sub si la krurojn sur la plej fora de Nina rando de la sofo.

Tiun tagon Nina sentis sin tre amare. Ŝi metis sur tiun katoterapion sian lastan esperon por resaniĝo. Nu, se ne por resaniĝo, do almenaŭ por dolorkvietiĝo, sed ĉio montriĝis vana. Jen tiel ili sidis, ĉiu en sia angulo, du solecaj estaĵoj, indiferentaj por ĉiuj kaj indiferentaj al ĉio kaj dume indiferentaj unu al la alia.

* * *

Printempo jam delonge memorigis pri si, sed ne per verdaj folioj ekster la fenestro, ne per odoro de floroj, ne per kantado de birdoj. Ne, en ŝia urbo kiel la unuaj pri la printempo komencis paroli muroj. Post kelkaj pluvegoj printempo ŝtelpenetris la vestoriparejon per grizaj malpuraj ŝimomakuloj, kaj tiu printempo odoris tute ne romantike kaj ne favoris al disvastigo de fluidoj sur reprezentantojn de la malsama sekso. Do Nina plu sidis ĉe la fenestro sole, plene profundiĝinte en sian laboron. Se antaŭe iu el viroj havis okazon viziti por nelonge ilian atelieron, ili turnis sian atenton al Nina ne pli ol al malriĉa meblaro. Malnova seĝo, sur kiu ili kutime sidiĝis, vekis ĉe ili pli da intereso. Sed tio tute ne koncernis Nina-n, kaj ĝenerale malmulto koncernis ŝin en tiu ĉambro. Ŝiaj oreloj foje kaptis iajn strangajn aŭ laŭtajn sonojn venantajn de la strato tra la putraj fenestroj, sed mense ŝi delonge estis hejme. Nina pense revenis hejmen tuj, kiam ŝi venis al ŝia laborloko. Nun ŝia hejmo estis ja ne nur malgranda unuĉambra loĝejo, nun vivis en ĉi loĝejo iu, kiu atendis ŝin. Kaj tiu estis Floro.

La virino ne rimarkis, kiel ĉio okazis. Kiel okazis, ke tiu estajo eksignifis por ŝi pli ol ĝi devus. Nina rimarkis, ke ŝi ĝojas pri ĝia ĉeesto pli ol pri ĉeesto de ajna persono en sia vivo. Kaj tio tute ne timigis la virinon. Male, nun malmulto ŝin timigis. Ŝi sentis trankvilon ĉiumatene, kiam ŝi vekiĝis kaj vidis apud si Floron. Kaj ankoraŭ ŝi sentis trankvilon, kiam ŝi nokte ekdormis kaj aŭdis, kiel sur ŝian rufan hararon, disĵetitan surkusene, kuŝiĝis same rufa Floro kaj verŝajne kunfandiĝis kun ĝi. Nina eĉ provis imagi, kiel amuze tio povus aspekti. Kaj ankoraŭ Nina sciis, ke apenaŭ ŝi venas de la strato en la porĉon, Floro saltas de la sofo aŭ seĝo, kuras al la enirpordo de ilia loĝejo sur la kvina etaĝo kaj jam nenien de ĝi deiras, ĝis kiam ĝi finfine renkontos ŝin, Nina.

Kaj Nina vere vidis la katinon ĉiufoje, kiam ŝi malfermis la pordon. Ŝi ĵetis siajn sakojn kaj antaŭ ĉio prenis Floron en siajn brakojn. Kaj tiel estis ĉiutage, dum multaj tagoj, multaj monatoj. Nina ne maltrankviliĝis, ke jam tiel longe ŝi estas infane alligita al la besto, ke en sia vivo neniun plu serĉas, nek bezonas. Ŝi simple neunufoje pensis, ke homoj ne povas esti tiaj kiel bestoj – simple ami, sendepende de io.

Nun printempe la malsana genuo ĉiam pli tedis Nina-n, ĝi doloris tordate tiel kvazaŭ post lavado oni tordelpremas malsekajn vestaĵojn. Foje tiu teda doloro forprenis ĉiujn fortojn. Ŝi povis fari nenion, nur sidis kaj frotis sian genuon per diversaj ungventoj, kiuj kvankam helpis, sed ne por longe. La tutan tempon Nina pacience atendis, ke Floro iam aliros kaj tamen kuŝiĝos sur la malsanan lokon kaj tiam ŝi ne plu devos fari tiujn sensencajn procedurojn kun medikamentoj. Sed Floro, kio estis sufiĉe strange, neniam faris tion. Iam (Nina jam ne memoris kiam kaj kie) ŝi aŭdis, ke katoj sentas, kiam al homo estas vere malbone, kaj nur tiam helpas. Nina pensis, ke jen nun estas tiu momento, ĝuste nun al ŝi estas tre dolore kaj ĝuste nun ŝi kiel neniam bezonas helpon. Sed helpo ne venis de ie, do al Nina nenio plu restis ol simple plu atendi. Kaj ŝi atendis.

- Nina, vi ja estas strangulino - diris Maria, kolegino de Nina, kiun ial incitis tia, laŭ ŝia opinio, malsaneca alligiteco al la bestoo. - Vi devas krei familion, ekhavi infanojn. Finfine, vi bezonas homon, sed ne katinon.

- Sed mi ofte ne komprenas homojn - naive respondis Nina. ⁻ Sed katinoj... ili estas multe pli simplaj, ili...

- Sed vi estas ja homo, Nina, vi estas virino, kaj por virino estas eĉ pli grave, nekredeble grave ne esti sola. Ĉar esti sola dum maljuneco estas neeltenebIe, kaj maljuneco ne estas tiel malproksima.

- Sed mi ja ne estas sola, Maria, kaj maljuneco, mi opinias, ne estas tiel timinda.

Maria ne sciis, kion ŝi povas respondi al Nina al ŝiaj lastaj vortoj, do lasinte ŝin agi laŭ sia bontrovo, ŝi reekokupis sin pri sia laboro.

Kaj Nina vere ne tre timis maljunecon, kaj eble tute ne timis. Ja kial homoj timas maljunecon? Antaŭ ĉio ili timas ŝanĝojn. Ili timas, ke post ĝia alveno io ŝanĝiĝos definitive. Sed la vivo de Nina estis ĉiam egalritma kaj monotona, ĝi fluadis per homogena maso tra ŝia viva, tute rekta (ne kurba, kiel estas kutime dirate en paroladoj dum studfinaj festoj) vojo, koloriganta ĉion ĉiam neŭtralkolore. Ŝiaj infanaĝaj ambicioj ne tro diferencis de la ambicioj de juneco, kaj tiuj siavice - de la ambicioj de matura virino. Kaj samtempe ŝi ne estis infaneca, naiva aŭ sensprita. Simple ekde infanaĝo ŝi alkutimiĝis ne nutri sin per ĥimeraj iluzioj, ne kombini fantaziajn planojn, ne aspiri al io tre forte. Nina scipovis esti simpla en ĉio. Ŝi estis simpla en rilatoj kun homoj, en rilatoj kun la vivo. Ŝi neniam postulis de ĝi ion pli grandan ol ĝi estis donanta al ŝi ĉimomente kaj samtempe volis, ke ankaŭ vivo rilatu al ŝi same.

Nina ne ŝatis elprovi sorton, ŝi ne ŝatis eĉ

aŭskulti pri fremdaj elprovoj. Iufoje ŝi pensis, ke eble tiuj homoj estas mem kulpaj pri siaj problemoj, ĉar kiam vi petas vivon pri io pli granda, tiam ĝi povas postuli de vi la samon. Do la infanaĝo de Nina transfluiĝis tiel glate, tiel nerimarkeble en la junecon, ke ŝi ŝajnis esti ĉiam fraŭlino kaj neniam knabino. Kaj poste same alvenis matureco, kaj nun ŝi ŝajnis esti ĉiam virino kaj neniam fraŭlino. Kaj la samon ŝi atendis de maljuneco. Dirante pli ĝuste, Nina sciis, ke nenio ŝanĝiĝos, ŝi estos la sama, kaj ĉio ĉirkaŭe restos la sama, almenaŭ sur ŝia teritorio, en ŝia loĝejo. Nina scipovis ĝoji pri la hodiaŭa tago, ŝi ĝojis pri florantaj arboj, varmaj matenoj, kiujn ĉiam pli ofte anstataŭigis la malvarmaj, bongusta manĝaĵo, bonaj filmoj, sed pleje Nina ĝojis pri ĉeesto de Floro. Ŝi apenaŭ povis imagi la vivon sen ĝia lanuga varma korpeto sur ŝiaj brakoj. Kaj, kio estis plej grava – Nina mem sentis, kiel Floro bezonas ŝin, kiom grava ŝi estas por ĝi.

＊

Li estis sufiĉe alloga, kvankam jam delonge ne juna viro. Malrapidaj, iom pigraj movoj, facileta frapetado per fingroj sur la tablo, tutnova, gladita kostumo - ĉio atestis, ke li ne kutimis tumulti, sed kutimis, ke ĉiuj tumultas ĉirkaŭ li kaj komplezas lin. Kaj li mem ŝajne ŝatis komplezi sin. Li sidis enpensiĝinte kaj krucinte la krurojn. Nina plurfoje timeme rigardis la viron de sia sidloko. Poste ŝi ne povos rememori, por kio li venis al ilia vestoriparejo, eble por refaldi pantalonon, aŭ eble ne. Sed ĉi tio ne gravis, estis nur grava, ke li tamen estis tie, kaj simple atendi sur sia seĝo ne sufiĉis por li, do li decidis ekparoli. Kaj li ekparolis al Nina.

- Bona vetero estas hodiaŭ, ĝi, laŭ mi, estas la unua vere varma tago printempe.

Komence Nina ne intencis respondi, ĉar simple ne komprenis, ke tiuj vortoj estis adresitaj al ŝi. Sed post kelkaj sekundoj de profunda silento ŝi tamen levis siajn okulojn de kudrado kaj ĉirkaŭrigardis la ĉambron. Kial neniu respondas al li? - pensis la virino, serĉante per la okuloj siajn koleginojn. Ŝi tre esperis ekvidi tie almenaŭ iun alian krom ŝi mem kaj tiu sinjoro, kiu ial rigardis ŝin. Kaj kiam Nina rimarkis, ke ili estas en la kudrejo solaj, ŝin kaptis ia stranga ekscitiĝo. Ŝi sentis, kiel sango ĵetiĝis en ŝian vizaĝon kaj manoj ekŝvitis. Ŝi tiom profundiĝis en siajn pensojn, ke simple ne rimarkis, ke du kudristinoj, kiuj hodiaŭ laboris kun ŝi, ien eliris. Ŝi tre deziris nun, ke ili revenu baldaŭ. Sed tiujn du, bedaŭrinde, kvazaŭ la tero englutis. Kaj kvankam la viro sidis ne apud ŝi, sed ĉe la najbara tablo, tamen Nina sentis odoron de lia parfumo kaj maltrankviliĝis pro tio eĉ pli. Ŝi simple ne havis alian eliron.

Ŝi rigardis lin, ne havante eĉ plej etan ideon, kion ŝi povus respondi al li. Jes, la vetero estas bona, la tago estas vere varma, do kio? Nina neniam komprenis, kiel oni povas paroli pri la vetero. Ŝi ne apartenis al tiuj, kiuj parolas por ne silenti. Ne, ŝi ne estis iu homevitulino, ŝi simple ŝatis paroli, kiam tio vere necesis. Sincerdire, Nina ne sciis lerte komunikiĝi kun tiaj sinjoroj en belaj kostumoj, kun tiaj flegitaj, jam grizetaj barboj. Nina ĝis nun nenion respondis. Ŝi jam ekpensis, ke ĉio eble iel pasos. Sed la sinjoro ne intencis lasi ŝin en paco.

– Vi estas bonŝanca, ke vi sidas ĉe la fenestro, el ĝi, verŝajne, malfermiĝas belega vidaĵo sur la straton.

La viro ridetis al Nina, ŝi siavice kapjesis,

sentante, kiel flamas ŝiaj vangoj.

- Ĉu vi scias, sinjorino ... - li rigardis demande el sub siaj vitretoj al Nina, kaj tiam ŝi jam ne konfuziĝis.

- Nina - ŝi diris per apenaŭ aŭdebla voĉo.

- Do, sinjorino Nina, ĉu vi scias, ke nome tiu strato, jen tiu, kiu estas ekster via fenestro kaj en kiu vi havas feliĉon labori, estas unu el la plej malnovaj stratoj de nia urbo? - li sidis flanke al la tablo, sin apoginte al la dorso de malnova seĝo. Lia maldekstra mano estis en la poŝo, kaj la dekstra ludis kun liniilo, kiu antaŭ tiu momento kuŝis sur la tablo.

- Mi ne sciis - ŝi kapneis, daŭrifante sian laboron.

Li ŝajnas esti iu profesoro, pensis Nina. Ŝi ne sciis certe, sed ĝuste tia devis esti en ŝia imago vera profesoro aŭ doktoro pri sciencoj, aŭ iu ajn el tiuj doktaj respektataj viroj.

- Iam ĉi tie troviĝis la unua poŝtejo, la unua teatro. Ho, se vi nur scius, kiom grava estis tiam teatro por urbanoj! Vespere homoj kunvenis ĉi tien el ĉiuj partoj de la urbo, - lia voĉo tre sonoris en tiu granda kaj duonmalplena ĉambro. Ĝi eĥiĝis de la nudaj muroj kaj plenigis per si la tutan spacon. La viro svingis la liniilon kiel dirigento bastonon, kaj nun al Nina ŝajnis, ke tiu sinjoro tute ne estas profesoro, sed plej verŝajne aktoro, konata teatra aktoro. Kaj ju pli atente li rigardis Nina-n, des pli ofte ŝajnis al ŝi, ke io perturbas ŝin. Ŝi senĉese ordigadis sian ruĝan lanugan hararon, kiu konstante elpingliĝis, tiradis malsupren la manikojn, kiuj ĉiam sur ĉiuj vestoj estis tro mallongaj por ŝiaj longaj maldikaj brakoj.

- Kaj al vi, sinjorino Nina, kiu arto plaĉas pleje? - liaj okuloj brilis, sed eble al Nina nur ŝajnis tiel, sed fakte brilis liaj okulvitroj?

La virino respondis la veron, ne detirante siajn okulojn de la kudromaŝino:

- Mi ne scias - Nina hontis pro ŝia respondo. Antaŭe ŝi neniam ĝenus pro tiaj bagateloj, sed ial nun ŝi ŝatus diri ion pli saĝan.

- A-ha-hah, - la viro ekridis - vi pravas, sinjorino Nina, ni forgesu pri arto. Diru al mi prefere ion alian? Nu ... ekzemple, kiun okupon vi ŝatas hejme, en via libertempo?

Al tiu demando Nina jam konis la respondon, sendube Floro estas ŝia ŝatokupo.

- Hejme mi prizorgas mian katinon.

- Ho, kiel ĉarme tio estas ..., viro denove

ridetis, al Nina eĉ ŝajnis, ke ŝi aŭdis iun maliceton en lia voĉo. – Kaj kiel ĝi nomiĝas?

– Floro.

– Vi scias, iam mi faris unu esploron pri tiu temo kaj klarigis, ke virinoj de via aĝo estas la plej emaj al korinklino al bestoj.

Tio embarasis iomete Nina-n, ŝi eĉ opiniis, ke vane ekparolis pri tiu temo.

– Mi simple amas mian Floron, kaj ŝi amas min.

La viro lasis la liniilon kaj nun atente rigardis Nina-n.

– Mia karulino, mi bedaŭras disrevigi vin, sed mi devas fari tion. La afero konsistas en tio, ke katoj kaj bestoj ĝenerale ne scipovas ami. Ili ne estas kulpaj pri tio, simple tia estas ilia naturo.

Nina ankaŭ lasis sian laboron kaj turnis sin al la viro. Kiel li povis tiel rapide trovi ŝian la plej tiklan punkton? Nina iĝis malgajhumora, ŝin absolute indignigis liaj lastaj vortoj. Nina komencis defendi sin, ĉar la nekonato atencis ion tre valoran por ŝi.

– Kiel vi povas koni la naturon ĝuste de mia Floro? Vi ne scias, pri kio vi diras!

– Ĉio estas tre simpla, ĉiuj katinoj estas la

samaj.

- Ne, ne estas la samaj. Se vi vidus, kiel ĝi renkontas min de laboro, kiel karese alpremiĝas al mi, kiam al mi estas malbone, vi ne dirus tiel. Mia Floro amas min, kiel neniu alia.

- Sinjorino Nina, mi havas akademian titolon en psikologio, do kredu min, mi scias, pri kio mi parolas. Bestoj ne povas ami, ĉe ili forestas memkonscio. Memkonscio estas termino indikanta operacion, per kiu homo perceptas sin. Dank' al ĝi homo ne nur komprenas la eventojn, kiuj okazas kun li aŭ ŝi, kiel tion faras aliaj vivantaj estaĵoj, sed ankaŭ povas analizi ilin. Kiam homo amas, li aŭ ŝi konscias tion.

- Sed ĉu mia katinjo kondutus tiel, se ĝi ne amus min? Kiel do oni povas klarigi tion? - Nina ankoraŭ insistis, kvankam ŝia voĉo ne plu estis tiel certa.

- Bestoj posedas konojn de refleksa naturo, sed ili eĉ ne konscias tiun konon. Ili ne havas amon kiel tia, estas nur alligiteco, nur kutimo. Se sur via loko estus alia homo, via: uh ... Floro, se mi ne eraras, kondukus same kun li aŭ ŝi. Ĝi same kurus al la pordo, kiun ŝi malfermus ĝin, ĉar ĝi scius, ke ĝia mastrino nun donos al ĝi manĝaĵon. Ĝi same frotiĝus kontraŭ kruro de tiu alia, ĉar alkutimiĝis, ke post tio ĝi estas karesata. Tio estas ĉio. Ne serĉu romantikon tie, kie ĝi ne povas esti.

La viro denove ekokupis sin pri la liniilo. Li frapetis per ĝi la tablon, kaj lia tuta aspekto, lia apenaŭ videbla rideto parolis pri tio, ke li estis evidente kontenta pri siaj vortoj. Nina havis neniun ŝancon en tiu lukto. Li havis malantaŭ si sciencon, ŝi havis nur siajn proprajn konvinkojn, kaj eĉ tiuj evidentiĝis ja ne tiel firmaj, se nun la virino silentis, simple ririgardis siajn manojn. Nina ne ofendiĝis, nur sentis sin sufiĉe deprimita por arogi al si ne respondi liajn lastajn vortojn. La viro rimarkis ŝanĝojn sur ŝia vizaĝo, kaj ankaŭ li rimarkis tian klaran profilon de ŝi, tian helan, preskaŭ travideblan kaj ankoraŭ junan haŭton kovritan per efelidoj. Ŝi sidis ĉe la fenestro, tute kadrita de lumo kaj en iu momento ŝajnis al li, ne, ne bela - sankta, pura kaj senpeka. Li tiel volis tuŝi ŝian manon! Kaj ĉar li neniam rifuzis al si la plezuron de amoraj aventuroj, do sen pensi longe, ĵetis sin al ŝiaj piedoj.

- Ho mia karulino, ĉu mi povas nomi vin

simple Nina? – kaj ne atendante ĝis la respondo, pluigis: – Ne malĝoju tiel, amo ekzistas, kaj iufoje evidentiĝas, ke ĝi estas tute proksime, tute apude, oni nur bezonas scii, kien rigardi.

Li diris ĉion ĉi, kaŭriĝinte apud la genuoj de Nina kaj kunpremante firme ŝian tremantan manon. Nina tiom ektimis tiun subitan atakon, ke ne tuj komprenis, kio okazas, kaj kiam ŝi komencis elŝiri la manon, evidentiĝis, ke estis tro malfrue. Li tenis ĝin per siaj varmegaj polmoj kaj plurfoje tuŝis ĝin per siaj lipoj. Nur antaŭ nelonge Nina estis tiel malĝojigita. Ŝin maltrankviligis la vortoj diritaj de la sinjoro. Ie en sia animo ŝi eĉ komencis koleri pri li, ĉar li kuraĝis atenci la plej karan – Floron, ŝian teneran, amantan katinjon. Ankoraŭ antaŭ kelkaj minutoj ŝi kapablus eĉ respondi akre al li por silentigi lin, sed nun ... nun Nina ne povis eĉ analizi siajn pensojn, la ĉambro turniĝis kaj se la virino nun starus, ŝi simple ne tenus sin sur la piedoj. Nun ŝi eksentis lian manon ankaŭ sur sia genuo.

Al ŝi ŝajnis, ke ŝi deziras, ke li ĉesu, sed kial do ŝi ankoraŭ diris al li nenion, ne ĉesis la tuton tion? Nina sidis sur sia seĝo ĉe la kudromaŝino kaj eĉ timis movi sin, timis enspiri kaj elspiri, timis rigardi lin. La sinjoro diris al ŝi, kiel bela ŝi estas kaj kiel delikata estas ŝia haŭto. Sed Nina, kiu preskaŭ ne aŭdis, ne povis kredi, ke ĉio ĉi okazis al ŝi. La sinjoro evidente ŝatis tiun ludon, li murmuris ion, rigardis Nina-n la tutan tempon de sub siaj vitretoj, sentis, ke lia emeritaĝa karno estas tiel juna kiel lia animo kaj estis feliĉa. Nina tuta tremis, eble unuafoje dum tiom multaj jaroj ŝi sentis sin virino kaj ankaŭ estis feliĉa. Sed tiu eksplodo de emocioj, eksplodo de ambaŭ iliaj tiel malsamaj feliĉoj daŭris tute ne longe. En la koridoro aŭdiĝis paŝoj kaj poste ankaŭ voĉoj, kaj ili alproksimiĝis. Ili ambaŭ komprenis, kio okazis.

Nina etendiĝis en sia seĝo kaj moviĝis ankoraŭ pli proksimen al la tablo, penante egaligi sian spiradon, kaj la viro surpiediĝis, laŭte ekĝeminte - ŝajne lia dorso ekdoloris - kaj jam apud ŝia orelo anhelante flustris ion. Nina povis kompreni nur kelkajn lastajn vortojn: morgaŭ je la dudeka ĉe la monumento de Mickiewicz, sed tio sufiĉis al ŝi por kompreni, pri kio temas.

Ekde la reveno de la laborantinoj al la kudrejo

Nina ne kuraĝis almenaŭ ankoraŭfoje rigardi lin. Ŝi aŭdis nur mallongan "dankon" kaj frapon de la pordo, kiu fermiĝis post li. Nur tiam Nina apogis sin al la dorso de sia seĝo kaj tro longe rigardadis la fenestron. La virinoj eĉ interŝanĝis la rigardojn, montrante unu al la alia la rigidiĝintan figuron de Nina, por kiu stato de revemeco estis eksterordinare malofta, kaj sensone ekhihiis. Sed Nina plue rigardadis pasantojn, malnovajn grizajn domojn kaj pensis, ke tiu strato estas vere tre bona kaj verŝajne vere pratempa.

El malnova pola domo, de kiu simple blovis per humido kaj malvarmo, la sinjoro aperis sur la superplena, inundita per agrablaj printempaj radioj strato, deskuis sian ankaŭ sen tio perfektan kostumon kaj kun miro komencis rememori ĉion, kio ĵus okazis al li. Liaj manoj poiome ĉesis tremi kaj la antaŭnelonge ardiĝinta vizaĝo estis revenanta al sia normala stato. Kio ĝi estis? Kaj kial ĝuste tiu virino? Nun la sinjoro neniel povis rememori, kio ĝuste tiel logis lin en ŝia aspekto. Li rerigardis la grizan konstruaĵon malantaŭ sia dorso kaj skuinte la kapon rapidis al la kunveno, pri kiu li ial tute forgesis kaj al kiu li jam sufiĉe malfruiĝis.

***

Nina sidis surbenke kaj klakis per la dentoj pro malvarmo, desupre rigardis ŝin severe Mickiewicz mem, kvazaŭ malaprobante pro tro leĝera, kiel por tia venta vetero, vesto. Sed kion povis fari Nina? Ŝi simple ne povis surmeti ion alian, ol sian solan robon, kiu ne estis elŝrankigata dum kelkaj jaroj. Por almenaŭ iomete varmiĝi, ŝi frotis siajn akrajn apenaŭ kovritajn per sinteza robo genuojn kaj kunfrapis kalkanumetojn de ŝuoj speciale aĉetitaj por tiu okazo. Ŝi surmetis orajn orelringojn kaj oran ĉeneton kun kruceto, ŝminkis la lipojn, kio jam estis por ŝi tro multe da kosmetikaĵo sur la vizaĝo, kaj nun al ŝi ŝajnis, ke ĉiuj rigardis ŝin. Nina estus delonge translokiĝinta al la plej malproksima benko, kiu estas kaŝita ie malantaŭ siringaj arbustoj, se ne timus, ke li ne vidos ŝin tie. Ŝi estis veninta kvin minutoj pli frue, ŝi ŝatis ĉien alveni ĝustatempe, kaj pri tio, ke virino devus malfruiĝi al rendevuo, ŝi ne sciis, ĉar simple neniam iris al rendevuoj. Do ŝi havis ankoraŭ iom da tempo por profundiĝi en siajn pensojn.

Nina denove rememoris ilian hieraŭan konversacion kaj pensis, ke li fakte pravas. Bestoj neniam egaliĝos al homoj. Nur homoj povas kunsenti, pardoni, amiki. Nur homo povas tiel pasie kaj sindone ami, ami dum la tuta vivo. Nina ne povis scii certe, ĉar neniam iun en sia vivo tiel amis, kaj neniu amis tiel ŝin, sed nun ŝi sentis, ke baldaŭ ĉio ĉi okazos al ŝi. Unuafoje ŝi deziris tion. Hieraŭ veninte hejmen de laboro ŝi iel tute alie rigardis sian Floron. Ne, Nina ne intencis seniĝi de sia katinjo, simple nur hieraŭ ŝi komprenis, ke ŝia tuta katronrona amo estas malvera. Eble same Floro estis iam alkuranta al sia antaŭa mastrino, kaj post Nina ĝi alkurus ankoraŭ al iu alia. Tiuvespere Nina spektis televidon sen Floro, ŝi ne surbrakigis la katinon, ne kuŝiĝis kun ĝi sur la sofo, ne aŭskultis ĝian ronronadon. Tiunokte Nina pensis pri la morgaŭa renkontiĝo ĉe Mickiewicz kaj longan tempon ne povis endormiĝi.

Kaj jen ŝi estas ĉi tie ĉe la monumento sur la plej proksima de la monumento benko, tremante pro la malvarma vento, kaj la viro ĝis nun ne estas tie. Nina ekrigardis la horloĝon, jam estis dudek post la oka, sed ŝi eĉ ne pensis koleri, ŝi sciis, ke en granda urbo al homoj povas okazi diversaj incidentoj, ŝi tuj pensis pri malbone funkcianta transporto, pri kavoj sur la vojoj, pri problemoj en la laborloko kaj ankoraŭ pri multe. Ŝi trovis dekojn da senkulpigoj pro lia malfruiĝo. Sed ju horloĝmontrilo proksimiĝis al la naŭa, des malplimultiĝis la listo de senkulpigoj, kaj kiam tiu montrilo estis jam sur la deka, la senkulpigoj tute finiĝis. Nina leviĝis de la benko kaj forlasis la placon de Mickiewicz. Neniam plu ŝi renkontis la sinjoron kun griza barbeto.

Nina eĉ ne rimarkis, ke ŝi trairis kelkkilometran distancon de la urbocentro hejmen, preskaŭ ne memoris, kiel alvenis tien. Nur memoris ŝi penetran venton kaj pezajn pensojn. La lastaj ankoraŭ kaptis ŝin. Sed tio ne estis pensoj pri malfeliĉa amo, rompita koro kaj la senindulo. Ne, en tiuj pensoj ŝi simple poiome revenis al realeco, malsupreniĝis de la alteco de siaj ĥimeraj revoj pri nobla homo. Nina iĝis la iama Nina. Sed nun en ĉi Nina aperis io nova, iu amara algusto de la antaŭnelonga seniluziiĝo. Ŝi plu ne povis resti indiferenta al la homoj, kia ŝi estis antaŭe. Ĉu ŝi koleris kontraŭ ili? Iomete. Ĉu ŝi sentis sin trompita? Certe. Ĉu ŝi ankoraŭ pensis, ke nur homo kapablas ami? Parte. Ĉar ŝi ankoraŭ kredis, ke homoj ne povas esti malamikoj unu al la alia. Ĝuste en tiu momento Nina envenis sian malpuran kaj, kiel ofte okazis, nelumigatan enirejon. Ŝi malfermis la stratpordon kaj paŝis certe en la mallumon, plu tremante pro malvarmo. Ŝi reflekse etendis antaŭen sian manon, esperante post kelkaj paŝoj palpetrovi parapeton, anstataŭe ŝi trafis ion strangan. Nina eĉ ne havis tempon por ektimi, kiam tio io dolorige kuntordis al ŝi tiun etenditan brakon malantaŭ ŝia dorso kaj fermis la buŝon. Nina ekkriis sensone en ies polmon aŭ pro timo, aŭ pro doloro kaj sentis, kiel iu alia, ĝis nun kaŝita en mallumo, frapis ŝin sur la ventron. Nina denove kriis, denove sensone, ŝi volis kliniĝi, sed ne povis. Iu flustris en ŝian orelon, ke ŝi ne moviĝu, kaj la virino senmoviĝis, moviĝis nur ŝiaj larmoj. Ili fluis de la okuloj sur tiun aliulan manon. Tiu dua lumigis la vizaĝon de Nina, kaj senprokraste ŝiris la orajn orelringojn el la oreloj kaj la ĉeneton de la kolo. Nun ŝi eksentis ankaŭ sangoguton sur sia kolo, kiu fluis el la ŝirita orelo. Li ektiris la sakon de ŝiaj manoj, Nina eĉ ne pensis kontraŭiĝi, senprokraste ellasis ĝin. Poste tiu, kiu estis malantaŭe, fermis sian brakumon kaj ili ambaŭ malaperis, lasante Nina kuŝi sur la malvarma cemento inter la stratpordo kaj la unua ŝtupo.

Nina plorsingultis laŭte, nun ŝi jam aŭdis sian ploron kaj estis certa, ke ĝin aŭdis ankaŭ ŝiaj najbaroj. Ŝi longe supreniris, tenante sian manon sur la parapeto, ĉar ŝiaj kruroj simple fleksiĝis, daŭre trenis sin sur sian kvinan etaĝon, premante sian dekstran manon al la ventro, sed neniu pordo de iu loĝejo malfermiĝis. Ŝi tiris la ŝlosilon el la jakpoŝo (estis bone, ke ŝi havis kutimon meti ĝin tien) kaj malŝlosis la pordon.

En la koridoro Nina-n jam atendis Floro. Ĝi rigardis la virinon per siaj grandaj okuloj, kvazaŭ ĉion komprenante. Nina ne povis sin deteni, ŝi falis genue antaŭ la katino, brakumis ĝin kaj ploris, kisis ĝian moletan harojn kaj denove ploris. Ili ankoraŭ longe kuŝis tiel duope en la koridoro, ĝis kiam Nina trankviliĝis kaj treniĝis en la banĉambron. Floro atendis ŝin ĉe la pordo, kaj kiam Nina sursofiĝis, sidiĝis apude surplanke.

Nina ne povis pri io pensi, ŝi sentis nur, kiel

doloras ŝia ventro, kiel doloras la lezita orelo kaj la genuo estas furioze tordata profetante la veterŝanĝon. Larmoj kvankam se malofte, sed ankoraŭ verŝetis el ŝiaj okuloj. Al Nina estis tiel amare, kiel neniam estis. Ŝi rompis sian bazan regulon, kaj vivo donacis pro tio al ŝi teruran aventuron. Ŝi ne volis kompati sin, sed kompatis. Ŝi ĝojus ekdormi pli rapide kaj forgesi pri ĉio, sed pro la neeltenebla doloro pri la dormo al ŝi restis nur revi. Subite Nina sentis, ke Floro saltis al ŝi sur la liton. La katino tiom mallaŭte tenere murmuris... Nina ĉiam amis tiun sonon pli ol ajnan muzikon. Kutime Floro kuŝiĝis, volviĝinte bule, proksime de la kuseno, Nina pensis, ke tiel estos ankaŭ nun. Sed ŝi eraris. Floro kuŝiĝis ĝuste sur la malsanan genuon. Nina sentis varman lanugan korpeton, sentis ĝin spiri, kaj ĉio tio tiel trankviligis ŝin, tiel lulis. Jam ie en duondormo Nina komprenis, ke jam doloras nek ŝia genuo, nek ventro, nek orelo, ke ĝenerale nenio plu doloras kaj maltrankviligas. Ŝi sentis jam nek bedaŭron, nek ofendon, nek seniluziiĝon, sed nur tion, kiel forte ŝi amas Floron kaj kiel forte Floro amas ŝin.

7. 은행원

그 은행원이 자신이 근무하는 은행에 들어섰을 때, 그는 바닥에서 자신의 두 발을 결코 소리 내며 끌지 않았다. 그런 행동을 하게 되면, 그가 행실이 바르지 못한 직원으로 찍힌다는 것을 이미 알고 있다. 그는 자신의 임무는 이곳에서 업무를 잘해야 할 뿐만 아니라, 품행 또한 방정해야 함을 알고 있었다. 그래서 그는 언제나 이에 걸맞게 자신의 양말을 착용할 때도 선택에 신중했다. 양말은 꽉 조이는 것이 아니라야 하고, 흘러내리지 않아야 하고, 가장 최신 모델은 아니라도 새것이어야 했다. 그가 코를 세게 풀지 않아야 하고, 출입문을 세게 여닫지도 않아야 하고, 은행 창구들의 유리에 때가 진하게 끼는 것을 내버려 두지 않아야 했다. 그 은행원이 자신이 근무하는 은행으로 들어가, 그 은행 건물의 중앙 홀을 발걸음 소리가 들리지 않을 정도로 하여 자신의 업무 공간으로 들어갔을 때, 평일 업무를 시작하는 시각보다는 10분이 아직 남았다. 그의 리듬 있는 동작과 서두르지 않은 걸음걸이 -이 모든 것은 그가 자신의 계획된 스케줄에 따라 움직이고 있음을 입증하고 있었다. 그가 하는 일련의 행동들이 계획을 세워 움직인다는 것엔 좀 의심이 되긴 해도. 약 10년 전에 그는 처음으로 그 일을 했다. 정해진 시각에 일어나기, 아침 식사, 은행을 통과하는 버스노선 번호..., 길, 업무용 책상. 그만큼의 세월이 지났으니, 그의 일련의 행동들은 그의 머리에 각인이 분명하게 되어, 이제는 간단히 다른 이들이 알아차리지 못할 정도로 단순해져 버렸고, 그의 고유의 비조건적인 반사가 되어있었다. 그리고 그게 좀 이상하다 해도, 아무것도 한번조차도 그의 일련의 행동에 흐트러짐이 없었다.

그래서 지금 그 은행원은 자신의 습관에 충실했다. 그는 서류함들을 옮기고, 서류들을 제대로 두고, 특별한 필통에 필기구들을 모아 담았다. 그는 키가 크지 않은, 갈색의 머리카락 소유자였고, 상냥한 외모를 갖고 있었다.... 고객들 기억 속에는 원숙한 일처리로 전혀 불평을 사지 않고, 또 한 번에 말끔하게 면도한 얼굴로 사무실의 다른 직원들과도 잘 어울림으로 인한 그런 상냥함이다. 또 은행을 찾은 고객들이 그곳의 모든 직원을 "은행원님"이라는 명칭 외에는 달리 부르지 않은 사실이 도움이 되었다. 그래서, 나중에 은행 임원단은 자신의 은행 창구에 놓이는 직원 명패를 불필요하다며 치워버렸다. 대신, 그들은 지금 자신의 직원들을 창구(책상) 번호로만 구별해 놓았다. 그렇게 해서 은행원들은 은행원 번호 1 또는 2 등등으로 불리게 되었다. 그런데도 그는 전혀 마음이 상하지 않았다. 보통 그런 기관 직원들은 그런 임원단 결정에 반대하여 마음을 상하는 일에는 익숙하지 않다. -특히 고객들의 편의를 위해서라면, 또 이 경우에- 고객의 편리를 위한다며. 그런데 만일 그게 은행원의 일상적 습관을 깨뜨리는 한 가지 사건이 일어나지 않았다면, 모든 것이 좋았을 것이다. 아니었다. 그 일은 앞서 말한 변화들이 생긴 이후 즉시 나타나지 않고 충분히 나중에 나타났다. 아마 그 사건은 그 은행원이 오랫동안 자기 이름을 들어보지 못한 바로 그 일로 인해서 벌어진 일이다. 여러분은 그건 사회적으로 활발한 사람, 하루 10시간씩 수백 건의 질문에 쉼 없이 대답해야 하는 중요 자리에 종사하는 사람에게는 이상해요 라고 말할 수 있겠다. 그러나, 고객들에겐 은행원 도움이 어떡해도 필요하다 해도, 고객들에겐 그 은행원 이름은 전혀 관심이 없었다. 고객들에겐 그 은행원의 책상에 놓인 창구 번호면 충분했다. 만일 이름에 그 이름을 가진 사람의 천성이 기입된다면 흥미롭지만, 그 창구번호가 그 번호가 가리키는 그 직원에 대해 뭔가를 이야기할 수 있을까?

  그날 아침, 그 은행원은 평소보다 조금 일찍 잠자리에서 일어났다. 그는 오늘 업무 시작 전에 한 가지 중요한 미션이 -자선 무도회 초청장을 구입하는 일- 있었다. 사실 그 남자는 자선이나, 무도회에 대해 전혀 관심이 없었다. 하지만, 그 점은 전혀 중요하지 않았다. 그의 약혼녀가 자선이나 무도회에 관심을 두고 있었기 때문이다. 다행히도, 그 은행원이 초청장을 구입할 기관이 집에서 가까이 있어, 그는, 자신의 계산으로, 20분이면 충분히 그 일을 처리하고, 자신이 탈 버스정류장으로 돌아올 수 있으리라 생각했다. 더구나, 그 초청장 티켓을 구매하는데 최대 3분을 염두에 두고 있었다. 그래서 그 남자는 옛 폴란드식 건물의 나선 모양의 계단을 서둘러 올라가서는, 주저 없이 그 출입문 손잡이를 힘주어 잡았다.

사방 모서리에 몇 명의 여직원이 자리한, 천장이 높고도 반쯤 비어 있는 방이 그에겐 전혀 관심이 가지 않았지만, 아주 높이 쌓인 종이더미들과, 무슨 서류인지 가득 들어찬 서류함들은 그를 놀라게 했다. 그러나 그 은행원은 이런 분위기가 낯설지 않았다. 그는 그런 광경에 익숙해 있었다. 그리고 그 장소가 그에게 아무 인상을 주지 않아도, 정반대로, 그에겐 가장 좋은 인상으로 남았다. 각 모서리에 자리한 여직원들은, 활발하게, 그 남자가 방금 출입문에서, 탁자 크기로 보아 본능적으로 선택한 가장 큰 탁자를 향해 들어서자, 그 남자를 궁금한 듯 눈으로 따라갔다. 그 방문자를 곧장 관찰할 수 있는 여직원들은 자신의 서류들을 내려놓고는 그 관찰을 계속했다. 그리고 그 바리케이드 같은 서류함 뒤에 있던 그들은 자신의 목을 내밀어 보지만, 곧장 자신을 그 자신들의 은신처로 다시 숨을 준비를 하고 있었다. 정말 보통 이곳을 찾는 고객들은 적었다. 그 무도회 광고가 잘 되지 않았거나, 사람들이 그 행사에 그리 활발한 반응을 하지 않아서일지도 모른다... 그래서 이곳을 찾는 고객 중에 이 사람처럼, 정장해서 말숙하게 차려입고, 머리도 잘 빗겨진 모습은 여기서 간혹 보게 되었다. 그 고객이 선택하여 간 탁자의 안주인은 상냥하게 웃어주었다.

"오늘 저녁 자선 무도회 초청장 2매를 주십시오."

그렇게 은행직원이 말하고, 이미 필요한 금액을 탁자

위로 놓고, 자신은 지금 서둘러야 하고, 뭔가를 소통할 의도는 전혀 없음을 자신의 태도를 통해 내보였다.

그런데 담당 여자는 정말 현명이라고는 없는 것 같았다. 그녀는 펜을 쥐고, 그것으로 뭔가를 쓰기 시작했다. 처음에 그녀는 펜 위로 입김을 불어, 그것을 한번 핥아보기조차 하였고, 나중에 얼굴을 한번 찡그리고는 더 그렇게 행동하지 않았다. 그런 일련의 행동은 그녀에게, 두 마디의 말을 할 때마다 펜 위로 숨을 내쉼 때문에, 전혀 형식석이지 않아 보이는 대화의 시작을 방해하지 않았다. 그런 행동은 그 은행원을 당황하게 했다.

"만일 저기 도로에서... 고객님처럼... 그런 미남의 남자를 볼 수 있다면, 나는 즉시 생각하기를...그이는 ...자선에.... 종사하는 분으로 생각할 것입니다..."

그 은행원에게는 이 모든 것에 불만이 시작되었다. 그는 3분이 이미 더 지났음을 이해했다. 그는 그 여직원에게 다른 펜을 사용하라고 일러두려고 자신의 입을 이미 열었으나, 바로 지금 탁자 위나, 탁자 부근에 어떤 다른 펜이나, 연필, 만년필도 보이지 않음을 알아차렸다. 더구나, 여직원 모두는 각자 필기구를 한 개씩만 갖고 있었다. 그는 손으로 작성된 수많은 종이더미들이 사방에 놓여 있지 않았더라면, 그 점에 주목하지 않았을 것이다. 그가 그런 생각과 관찰을 하는 사이에 약 30초가 더 지나갔다. 그는 이제 단호하게 그 무의미한 대화를, 그로 인해 버스에 늦지 않게 하려고, 마칠 결심이었으나, 그것은 정말 그리 할 수 없었다. 왜냐하면, 간단히 그것은 일어나지 않았기 때문이다. 그는 이전의 여직원들이 보이는 호의적인 웃음에도 반응하지 않았고, 지금도 교양 없는 사람으로 보일 준비가 온전히 되어있었다. 그것이 비록 그의 성격에 맞지 않는다 하더라도.

"고객님은 아내와 함께 필시 가겠지요. 저의 무례함을 용서하세요, 대답하지 않으셔도 됩니다. 간단히... 저는 말하고만 싶어요, 저도 이번과 같은 그런 무도회에 참석해보기도 했어요. 그곳에 오시는, 존경받는 사람들은 보통은 혼자 참석하지는 않더라고요. 아, 저도 자유로운 부페 행사에도 참석할 기회가 있었어요. 고객님은 그런 스웨덴식 레스토랑을 알고 있겠지요..." 그녀는 그런 세계에 대한 자신감과, 동시에 정면에 얼굴을 마주보며 서 있는 이 고객에게도 자신의 흥미를 입증하려고 애썼다. 그녀는 활발하게 제스처를 취하고는, 한 손에 이미 고장나 있지 않은 필기구를 쥐고서, 뭔가를 그 은행원에게 물었으나, 기대하던 대답을 듣지 못하자, 자신의 말을 이어갔다. 그러자 이번에는 그 남자가 평정심을 잃고, 자신이 예상했던 것보다 더 큰 소리로, 그녀의 모놀로그를 중단시켰다. 아니면 그 방의 음향이 함께 도왔거나, 아니면 그 은행원이 너무 화가 치밀어 있었거나. 그의 말대꾸는 아주 소리가 컸고, 확신이 실려 있었다.

"미안합니다만, 나는 초청장을 구입하러 왔다구요!"

사방에서는 곧 술렁이는 소리가 들려왔다. 그곳 여성들은 다시 자기 일에 관심을 가졌다. 지금 아무도 그

방의 중앙으로 쳐다보지 않았다. 그 대화를 하던 여성은 이제 말을 거두고는, 잠시 기침하고는 자신의 손을 초청장으로 뻗었다. 그녀의 모습으로 보아, 그녀가 다른 사람의 마음을 상하게 할 사람은 분명 아니었고, 약 1초 뒤, 말없이 다시 그를 보며 살짝 웃었다. 그 은행원은 그녀의 인형 같은 손에서 그 빌어먹을 초청장을 낚아챌 준비를 이미 하였다... 그리고 바로 지금 그의 재앙들이 시작되었다. 더 정확히는, 한 가지 재앙이었다. ⏝ 여성은 그에게 기다려 달라고 열변의 제스처를 취해 보였다.

"성명을 말씀해 주세요. 저는 성명을 이 초청장에 기입해야 하고, 이를 나중에 기록해 두어야 합니다."

그녀는 탁자에 놓인 색종이 조각에 눈길을 돌리지 않고, 자신에게 들려 올 그 성명을 기록할 준비가 되었다. 그 은행원은 그녀를 향해 자신의 이름을 큰 소리로 말하고 그 초청장을 집어, 곧장 자신이 그녀에게 의견을 말하고 싶던 모든 것을 반드시 덧붙일 결심을 했다. 직접적인 의무의 불성실함, 천박한 행동과 자기 업무로 급히 귀환할 고객을 붙잡아 둠에 대한 뭔가를. 하지만 그의 입에서는 지금까지 아무 말도 발설하지 못하고 있었다.

그는 자신의 말을 꺼낼 수 없었다. 왜냐하면, 그럴려면 그 자신이 이름을 먼저 소리쳐야 했기 때문이었다. 그 은행원은 몇 번 자신의 입을 열었고, 만일 의식이 약해져 있으면, 아마 무의식이 작동해서인 것 같고, 그의 입술은 반사적으로 필요한 소리를 만들면서 동작을 시작할 것이다. 뭔가 계속해서 그의 혀끝에 머물고 는, 그의 손가락들이 신경질적으로 다른 손가락을 문지르고, 손바닥엔 땀이 나고, 심장은 뛰기 시작했다. 그 은행원은 한번은 이 여직원을, 다음번엔 다른 여직원을 둘러 보면서 뭔가 도움을 청하는 것 같았다. 그는 그들이 자신을 아는지 묻지 않으려고 겨우 참고 있는 것 같았다. 그 순간, 그 여성은 그에게 두 눈을 들고, 이젠 자신의 두 눈을 다른 곳으로 향하지 않고 있었다. 그 남자는 저 많이 쌓인 종이더미 위로 다른 여사무원들의 머리도 볼 수 있었다. 그들은 의심의 눈초리로 서로를 보고 있고, 분명히 그에게서 뭔가를 기대하고 있었다. 그의 의식은 몇 초동안 그런 의심에 대항해 투쟁했으나, 나중에 투항하고는, 그 은행원은 자신의 성명을 잊어버렸다고 고백했다. 그러나 그것은 마음속으로만.

그리고 그는 지금 뭘 할까? 그는 그 침을 뱉고 싶은 여성들에게, 자신이 은행원으로 자기 성명을 모른다고, 또 그들이 자신들의 불쌍한 고객들에게 그 일을 들먹이며 함께 비웃으라고 그렇게 말할까?

갑자기 구원의 아이디어가 반짝였다. 그 남자는 자신의 가방을 집어 들어, 그 속에서 뭔가를 서둘러 찾기 시작했다. 그러나 그것이 자신이 원하던 결론을 꺼내지 못하자, 그는 그 가방을 탁자 위에 올려, 그 안으로 자신의 두 손을 깊이 집어넣었다. « 증명서- 그는 생각했다.-증명서. 바로 그것이 지금 내겐 필요해.» 이 모든 것은 비정상적으로 비쳐, 더욱 이상하게 보였다.

존경스럽게 보였고, 지금까지 절대적 평정심을 갖고 있던 남자가 갑자기 혼비백산해서는 미친 사람처럼 자신의 가방을 거꾸로 쏟아부었다. 왜냐하면, 그는 자신의 성명을 말하도록 요청을 받았기에.

"아마 고객님은 그런 정보를 비밀로 해 두시길 좋아하는 것으로 이해하지만, 저는 그것을 허락할 수 없어요. 그게 제 직업이에요. 그리고 이곳에서 비밀이 뭐 있겠어요? 그것은 정말 성명일 뿐이고, 고객님이 그걸 확인해 주시기만…"

그녀는 뭔가 다른 것을 더 말하고 싶었으나, 의도와는 달리 웃었다. 다른 곳에서도 낮은 속삭임의 웃음소리가 들려왔다. 그것은 마지막 한 방울이었다. 지금까지 자신을 완전히 지배하지 못한 그 은행직원은 이젠 신경이 아주 날카로워졌다. 그의 신분을 입증해 줄 아무 공문서도, 입증서류도 그 가방에는 없었다. 그는 자신이 이 빌어먹을 사무실로 온 지 얼마의 시간이 지났는지 몰랐다. 그에겐 그들 모두가 그를 대항하는, 그의 오늘 계획을 망치려고 이 모든 것을 몰래 준비한 공모자들로 보였다. 그는 탁자 위의 높게 쌓인 종이 더미를 한쪽으로 밀쳐버리고는 자신의 가방을 집어들고, 뒤도 돌아보지 않고, 출입구로 달려갔다. 그 탁자에는 아직도 구매되지 않은, 이미 소용없는 초청장들이 놓여 있고, 그리고 그 탁자 곁에는 -깜짝 놀라 눈이 동그랗게 된 여성이 있었다.

잠시 뒤, 그 은행원은 그 나선형 계단을 성공적으로 통과해 도로로 달려갔다. 태양 아래서 그는 기분이 더 나아졌다. 그는 자신이 타야 하는 버스정류장으로 향했다. 그 남자는, 그의 순간의 의견에 따르면, 이 기억의 구멍이 생긴 것은 너무 일찍 잠을 깬 것이라고 단정했다. '아니지, 그것은- 무슨 초청장으로 내 일상의 질서가 무너진다는 것은 - 전혀 온당하지 않아,' 그렇게 그 은행원은 생각했다. 초청장을 구매하는 데 충분한 시간과 염원을 가진 사람이 그 초청장을 구매하러 가라지. 그는 더, 그걸 구매하는 일에 동의하지 않을 것이리라. 그는 정말 너무 바빴고, 더구나 그의 건강은 최근 믿음이 가지 않았다.

그렇게 그 은행원은 서두르지 않고 정류장으로 다가가니 그가 탈 버스가 지금 출발하고 있음을 급히 알아차렸다. 만일 그가 이 버스를 놓친다면, 다음 버스는 10분 뒤에야 온다. 그리고, 도대체 지금 몇 시인가? 그 은행원이 정류장으로 뛰어가고 있었을 때, 그의 손이 그를 더욱 사로잡는 갑작스런 낭패감에 떨렸고, 그는 그런데도 자기 손목시계를 통해 이미 늦을 수도 있음을 알게 되었다. 지금 버스정류장에서 기다리면 아무도 얼마나 더 걸릴지 몰랐기에, 은행원은 더욱이 정류소 부근에서 택시가 언제부터 서 있었는지 생각하기도 전에, 더는 버스를 기다릴 수 없어, 잠시 생각하고는 그 택시를 탔다. 그는 이미 택시 안의 앞좌석으로 충분히 숨을 헐떡거리며 흥분해 앉고는, 자신의 은행 주소를 겨우 말할 수 있었고, 나중에 숨을 크게 여전히 내쉬고 기침을 한 번 했다. 그 목표 장소까지의 길은 그에겐 진짜 고통이었다. 그는 자신이 어떻게 은행으로 들어갈지, 모든 업무가 마칠 때 지점장이 그를 자신의 사무실로 오라고 할 때, 모든 행원이 일제히 고개를 자신을 향할 것이고, 얼마나 그 지점장이 그를 혼찌검을 낼지 상상을 이미 해 보았다. 그 은행원에게는 사람들이 교통 신호등에서 너무 오랫동안 서 있는 것 같고, 택시기사가 가장 단시간에 도착하는 길 말고 다른 길을 선택해 버렸다고, 또 그런 가장 좋은 방법이 아닌 길을 선택해도 그런 서비스에 대해 너무 큰 요금을 요구했다고 여기는 것 같았다. 그 은행원은 은행 건물의 높은 출입문에 서서, 자신을 한번 진정시키려고 시도했다. 그것은 쉽지 않은 일이었다. 왜냐하면 그 이유는 너무 고민거리였기 때문이었다. 난생처음 일터에 지각했다니! 사람들이 그에게 무슨 일이 있었는지 물어온다면 뭐라 답할 것인가? 그는 어떻게 모든 일이 일어났는지 어떤 이야기를 할 수 있을까? 그가 일어난 모든 일을 그대로 이야기할 것인가? 잠깐, 그래 일이 어떻게 일어났지? 그런 것을 생각해보니 그가 어찌해도 이길 가능성이 없다는 생각이 들었고, 또 이제 더 생각할 겨를이 없었다. 그는 나중에 언제 모든 것이 제대로 될지 그 점에 대해 반드시 생각할 것이다.

그 은행원은 숨을 깊이 한번 들이쉬고는, 자신의 얼굴 근육의 긴장을 풀어 가장 무표정한 상태로 하고, 그 문턱을 통과했다. 습관적인 신선함과 어두운 벽들이 그가 평온함을 유지하는데 도움을 주었다. 도로의 밝은 빛에 익숙해 있는 두 눈앞에서만 오렌지빛 흔적이 달려가고 있었다.

그 은행원은 태연하게 몇 걸음을 움직이고는, 아무도 그에게 관심을 두지 않아 믿기지 않을 정도로 기뻤다. 아마 지금 그는 조용히 자기 사무실로 들어가, 누군가 앞에서 죄송하다고 말하지 않아도 되고, 가장 중요하게도 -자신의 지금까지의 좋은 명성과 작별하지 않아도 될 것이다. 자, 이런 생각을 하면서도 그 은행원은 은행의 주요 홀의 복도를 구분하는 아주 얇은 문턱의 한 종류인, 작은 계단에 대해서는 깜박 잊고 있었다. 수많은 고객이 이 건물을 지은 건축가들을 악담하며 불평을 해왔다. 왜냐하면, 출입문을 설치 않은 대신 그곳에 단지 넓은 활 모양의 문턱만 설치되어 있었다. 그 문턱을 이용하는 은행원들도 자신이 그곳에서 비틀거리면서 짧은 불평의 말을 쏟아내는 경우가 충분히 자주 있다. 그러나 정말, 다행히도 지금까지는 그 은행원에겐 비틀거린 일은 전혀 생기지 않았는데, 오늘 모든 것이 처음 벌어졌다.

그 은행원은 자신이 요란한 소리를 질렀을 때조차도 그 문턱이 있음을 알아차리지 못했다. 그 소란의 주요 원천은 그의 가방이었다. 업무에 바삐 오느라, 그는 좀 전에 그 티켓을 구매하다가 열어둔 가방을 닫아 두는 걸 깜박 잊고 있었다. 지금 그가 넘어지자, 그의 가방 속 물건들이 모두 밖으로 쏟아졌다. 그 가방에는 수많은 다양한 플라스틱, 금속성 잡동사니들이 들어 있음은 분명했다. 필기구들, 자, 안경집, 안경, 열쇠꾸러미, 공기청정기, 빗, 약 10개의 동전, 전화기. 그 은행원도 그 널부러진 잡동사니 사이로, 앞으로 자빠졌다. 그리고는 더는 나쁜 일은 이젠 일어나지 않겠지 하고 생각했다. 그 생각은 틀렸다.

그가 위로 쳐다보자, 바로 자신 위로 지점장의 두툼한 손가락을 보게 되었다. 그 손가락은 그 반쯤 어두운 홀에서 빛의 유일한 원천을 가로막고 있었다. 그래서 지금 그 은행원은 그 상사의 표정을 읽을 수 없었다. 그리고 그것은 좋았지만, 그 지점장은 나쁜 기분을 갖게 되었다. 그러나 그 장면을 몇십 명의 다른 고객들이 보고 있었기에, 지점장 자신은 직업인으로서 에티켓의 시범을 오늘 보이기로 작정한 것 같았다. 그런데도 지점장은 자신을 참고, 경직된 표정을 풀고, 이미 이렇게 말했다.

"오늘 업무 시간이 끝난 뒤, 내게 오세요."

그 은행원은 자신이 이해할 수 있는 만큼, 울고 싶은 마음이었다. 그는 왜 다시 자신에게 이런 운명이 이렇게 자신을 힐난하고 있는지, 무엇 때문에 그런 벌을 받아야 하는지 자신에게 되물었다. 그는 몸을 웅크린 채 자신의 온갖 잡동사니를 자신의 가방 안에 다시 주워 담았고, 자신의 이 모든 동작을 관찰하고 있는 지점장의 모습은 계속 환상처럼 보였다. 그 은행원은 지점장의 화난 얼굴을 황급히 보지 않으려고 고개를 들고 싶은 것조차 겁이 났다. 그러나 그는 자신의 온 힘을 집중해 전체 홀을 벗어나, 자기 사무실로 향했다. 그리고 그가 아무도 보지 않으려 하고, 아무것에도 관심을 가지지 않을 결심을 했지만, 곁눈질로 본 느낌으로는 그는 자신의 업무 장소에서 경직되어 있는 은행원들의 놀란 시선을 사로잡고, 또 낯선 고객들의 미소를 붙잡고 있었다.

'저기, 그래, -그는 자신을 진정시키고는-, 업무에 늦음, 업무 규칙을 위반함은, 그것들은 아주 중요하고, 무책임하더라도, 죽을 일은 아니지, 죽을 일은 아니지.' 그런 생각을 하였다. '죽을 일이 되기도 하는구나' 그 은행원은 작은 복도로 자신의 몸을 돌린 1초 뒤, 그의 사무실 출입문 양편에 몰려와 있는 사람들을 보게 되자 그런 생각이 갑자기 들었다. 그가 자신의 업무실로 들어가는 것이 분명해지자, 그곳에 먼저 일찍 와, 대기하던 사람들이 서로 수군거리더니, 누가 누구 뒤에 왔고, 누가 누구를 대신해 자리를 잡았는지를 생각하기 시작했으나, 그들 기억도 각자 달라, 각자의 자리에 대해 다툼이 시작되었다.

그 은행원은 그런 와중에 자신을 그 안으로 밀쳐 들어가려고 애를 썼고, 나중에 자신 뒤에 그 문을 닫으려고 더 애를 썼다.

그 출입문 너머의 다툼은 중단되지 않았지만, 그 은행원은 그것이 좀 이상해도 무시하고는, 누구와도 말하고 싶지 않았다. 머리가 이미 심하게 아팠고, 기분이 아주 더럽고, 더구나 자신의 탁자 위가 상상하기 힘들 정도로 무질서한 것을 발견했다. 정말, 누군가 오늘 아침에 그의 물건들을 훑어본 게 분명했다. 어제 그 은행원은 자신의 모든 것을 정 위치에 똑바로 놓아두었고, 그 놓인 위치를 그는 분명히 알고 있었다. 그가 서류함들을 어떻게 정리해 두었는지, 받은 명함들을 명함통에 넣어두었는지, 연필들을 뾰쪽하게 깎아 둔 것까지도 그는 분명히 기억하고 있었다. 지금 그의 책상은 태풍이 지나간 것 같았다. 이 은행에서 그를, 그처럼 귀한 직원을 얼마나 능멸하는지!

아직도 어제라면 그는 주저하지 않고 지점장에게 갔으리라. 그런데 오늘.... 바로 직전의 상황 때문에 그는 그 장소에서 움직일 수조차 없었다. 그 상황은 여전히 더욱 자신의 기분을 억누르고, 좋은 결론도 나오지 않았다. 아마 그는 똑같은 사무실 벽을 길이로 설치해 둔 탁자들 앞에 있는 자기 동료 중 누구에게 무슨 일이 있었는지 한번 물어볼까? 그러나 모두가 뭔가 자신의 일에 열중해 있음과 아무도 그가 출근한 것에 주목하지 않음을 보고는 자신의 의견을 바꾸었다. 아무도 지금까지 그에게 오지 않으려고 했고, 여기서 무슨 일이 있었는지, 자신의 업무 책상을 어지럽힌 사람이 누구인지 이야기해주지 않으려고 했다. 그것이 정말 자신들의 의무이고, 그들이 정말 그의 친구들임에도, 또 그만큼 여러 해를 그들과 똑같은 사무공간에서 땀을 흘려 왔음에도.

'친구들'이라는 말에서 그 은행원은 모든 은행원에 대해 될 수 있는 한, 가장 많은 정보를 기억하려고 애를 썼으나, 그가 가진 모든 지식이라곤 그들의 가족 상황과 은행 내의 직위에 한정되어 있음을 느끼게 되었다. 그리고 정말로 그를 둘러싼 저 사람들은 누구인가? 그는 업무 후에는 그들이 뭣에 관심을 가지는지, 어떤 취미를 가지는지, 휴식하러 어디로 가는지, 자신의 부모님과 함께 사는지, 독신으로 사는지, 또 일반적으로 어디에 사는지 전혀 모른 채 있었다.

지금 함께 일하는 직원 중 몇 명이 그 은행직원에겐 약간 의심이 갔다. 하지만 그는 한 번도 그들의 직업의 전문성에 대해 의심한 적이 없었다. 그러나, 지금, 한 사람씩 별개로 살펴보니, 뭔가를 하고 있어야 할 것으로 보이는 행원 전부가 모두 자기 업무에 열중해 있지 않음을 알아차렸다. 옆 탁자에 앉아있는 남자 직원은 자신의 앞에 펼쳐진 도표들을 보는 것 같아도, 실제로는 전화로 문자 메시지를 보내는 탁자 아래로 눈길이 가 있었다. 다른 두 직원은 전혀 부끄러움을 느끼지 않고, 자신의 일자리에서 벗어나, 뭔가에 대해 거의 들릴 듯 말듯 히-히-하면서 자신들의 대화 주제에 대해 필시 만족한 듯 속삭이고 있었다. 저 멀리 모퉁이에서 일하는 또 다른 한 사람은, 점심시간이 아직 멀었지만, 초대형 샌드위치를 게걸스럽게 먹으면서, 멍한 시선으로 컴퓨터 모니터를 보고 있었다. 그 은행원이 보기엔, 저것은 그들 편에서는 상상할 수 없는 거드름이라고 생각하기조차 했다. 다양한 무의미한 것에 관심을 두는 시간에, 그들이 자신을 기다리는 고객들을 맞아, 고객들을 도운다면, 복도에서의 그런 무질서를 만들지 않을 수도 있을텐데. 그는 지점장이 왜 그런 거드름을 가만히 내버려두는지 이해가 되지 않았지만, 그를, 칭찬받아도 충분한 그를, 수년간 산전수전을 겪은 그 행원을, 지각 한 번 한 것에 비난하는 것을 이해할 수 없었다.

그것은 그 은행원에겐 부당한 처사로 보였다. 지금 그는 자신이 죄가 없다고 느낄 뿐만 아니라, -이 모든 것이 그를 자극하기 시작했다. 왜 지점장은 그 전에 무슨 일이 있었는지 물어보지도 않고서 즉각 그를 공박했을까? 그러고 만일 그가, 그 은행원이 아침에 지옥 같은 교통사고를 당해 죽기라도 했다면? 아니면 민일 그의 친척 중 누가 죽을 정노로 아프거나, 도움이 필요했다면?

그런데 그 은행원은 자신의 불쌍한 생각들의 조합을 마무리하는 일에 실패했다. 왜냐하면, 맨 앞에 와서 기다리던 고객이 그 순간 호출을 기다리지도 않고 그 사무실로 들어와, 마치 아무 일도 없었다는 듯이, 그 행원이 앉은 탁자의 맞은편 의자로 앉았기 때문이었다. 그리고는 그 고객은 곧장 이 은행원의 얼굴에서의 말 없는 질문을 곧장 이해하는 듯 했다.

"용서를 구합니다만, 제가 아주 급해서요. 당신 출입문 앞에 20분 동안이나 이미 우리를 저렇게 방치하니 지루했어요. 우리가 업무 날에 저렇게 대기실의 벽에서서 기대는 것 말고 달리 일이 없다고 생각하는 건가요?"

그런 거만한 태도를 그 은행원은 아직 한 번도 보지 못했다. 그는 갑자기 자리에서 벌떡 일어섰다. 그 바람에 종이들이 바닥으로 떨어지고, 팔걸이가 있는 의자는 소란스럽게 쓰러졌다. 갑작스런 큰 소란에 모두가 자리에서 펄쩍 뛰기조차 하였고, 지금 그 은행원만 바라보고 있었다. 그는 잠시 자신의 두 눈을 감고는, 탁자 위에 두 손을 짚어 자신의 몸을 지탱했다. 그는 머리가 어지러웠다.

잠시 뒤, 그는 이미 자신의 사무실 출입문 옆에 있었다. 그러나 이 모든 것이 그만큼 간단하지 않았다.

그는 그 출입문을 한쪽 어깨로 충분히 세게 밀어야 했다. 그 뒤엔 다른 쪽 어깨로 그 출입구를 바리케이드 치기로 작정한 것 같은 그 사람들을 한쪽으로 밀쳤다.

그 은행원은 자신의 배를 집어넣고는 자신을 복도 쪽으로 밀어 갔다. 그러나 그곳에는 더 쉽지가 않았다. 그 남자는 그렇게 많은 운집한 사람들 속으로 곧장 돌진하더니, 그의 얼굴이 어느 물렁한 신체의 여성에 닿으니, 그 푹신함으로 인해 그는, 알아차리지 못할 정도로, 곧 질식할 정도였다. 한마디로, 자신을 구하는 일이 필요했다.

그 은행원은 그들 사이에서 어떻게 하면 자신이 가장 쉽게 돌진해 피신할 수 있을지 그 가능한 방법을 이미 생각해 놓고, 똑바른 방향으로 움직이기 시작했을 바로 그 순간, 그 사무실 출입문 밖으로 좀 전에 그 은행원이 만난 그 거만한 고객의 머리가 보였다. 그리고 그 고객은 그곳의 정직한 사람들의 무질서와 비난 소리에 뭐라 고함을 내질렀다. 그곳에 있던 고객들은 곧 소란이 일고, 자리를 비켜주었으나, 모두 그 대화의 본질이 무엇인지 파악하는 동안에 이미 그 은행원은 복도에서 모습이 보이지 않았다. 그는 서두르는 편이 낫겠다고 이해했다. 왜냐하면, 그 은행원 자신을 불한당 같은 그 고객이 오늘 안전하게 이곳에서 나가는 걸 내버려두지 않을 것이 분명해 보였기 때문이었다. 그래도 그에겐 이미 이 모든 것은 관심이 가지 않았다. 그는 바로 자신을 기다리며 미친 행동을 한 그 사람들을 향해, 그와 함께 일한 동료들을 향해, 그 동료들이 그에 대해 나중에 생각해 볼 그 일을 향해, 또 그 시섬상 자신을 행해 침을 뱉었다. 그랬다, 그리고 그 지점장을 향해 그는 두 번, 심지어 세 번 침을 뱉었다. 자만심이 가득 찬 그 멍청이 지점장은 여전히 이 모든 것에 대가를 치르리라며.

그 은행원은 이미 달려가고 있었는데, 가는 목표가 불분명한 것이 아니라, 그 은행 인사부로 달려가고 있었다. 그는 문을 두들길 생각조차 하지 않고, 그 출입문을 돌진해 열고, 그 안으로 달려 들어갔다. 그의 머리 안에는 절대적 혼돈이 자리하고 있었다. 그는 마지막으로 그렇게 크게 화를 낸 때가 언제인지 기억해 보려 했으나, 실패했다. 한때 그는 숨김없이 야만성을 내보이거나, 맹목적으로 화내는 일에는 자신이 없었다. 아, 만일 그가 지금 이 상황을 적당히 평가할 수 있기라도 한다면... 그는 침착을 되찾고, 자기 업무로 돌아와, 저녁까지는 자신을 위한 변명거리를 생각해 낼 수 있고, 그 지점장에 대해서도 적당한 아첨의 말을 늘어놓을 수 있었을 터인데. 그러나 지금, 그 은행원은 사직청원서를 제시하고, 가장 빨리 이 모든 것을 종결하고 싶었다. 한 가지 사실만 -그가 지금 어디에 있는지를 아는 이가 아무도 없다는- 그를 기쁘게 했다. 그래서 그 은행원은 그 청원서 작성에 집중할 수 있었다. 아직 1분이 남았다. -그리고 그는 이 증오의 사방 벽을 영원히 떠나, 다시는 절대로 이곳으로 오지 않을 것이다. 그는 사람들이 그를 존경해 주는 다른 직장을 찾을 것이다. 바로 그때 그 남자는 자신이 자신의 **이름-성-부성(아버지 이름)**을 기록해야 하는 항목까지는 써 내려 갔다. 그때 그 은행원은 자신이 궁지에 몰린 것을 느꼈다. 그런데 누구로부터? 누가 오늘 온종일, 그를 울게 만들며 자신의 모든 계획을 깨뜨렸는가? 택시기사인가, 지점장인가, 아니면 고객들인가? 그렇게 그가 그 계획을 벌인 범인을 찾지 못하자, 그의 처지는 여전히 더욱 나쁜 상황으로 가 있는 것 같았다.

그러나 이 문제를 일으킨 이는 그 자신이 아닌가? 왜냐하면, 자신이 자기 이름을 기억하지 못하고, 바로 그런 기억 못함으로 인해 회사에도 지각했다. 그리고 만일 그가 지각하지 않았다면, 자신의 사직청원서를 쓰지 않아도 되었으리라. 그리고 바로 그때, 그 자신이 자신의 이름을 잊고 있음을 다시 기억했다. 아마 그에게는 이 상황이 간단히 미치게 만드는 것 같았다. 왜냐하면, 어떻게 사람들이 동시에 세 가지로 된 이름 -이름-성-부성(아버지 이름)-을 동시에 잊어버릴 수가 있는가? 만일 그가 자신의 이름이라도 알고 있었다면, 그는 은행 데이터베이스를 통해 찾을 수 있고 그때 아마 그 전체 성명을 어떻게든 찾아낼 터인데. 무슨 수단인가를 사용할 수 있었겠지만, 그 은행원 자신은 너무 피곤해, 사직청원서를 낼 결심은, 그 상황이 아무리 이상해도, 그만큼 불합리한 것 같지는 않았다.

더구나, 그 은행원은 자신이 더는 은행원으로 있고 싶지도 않음을 분명히 이해했다. 그리고 그 문제는 어느 특정 기관이 아니라, 자신의 행동으로 생긴 일이었다. 그는 자기 마음이 이제는 은행 일에 전혀 끌림이 없음을 어떻게 인식하지 못했을까? 아무도 언젠가 더는 그를 '은행원님'으로 부르지 않을 것이고, 그리고 나중에는, 아마 그의 고유 성명은 드러날 것이다. 여기 남아서 뭔가를 설명하고, 소란을 일으키고, 신경질을 부리는 것이 이젠 의미가 없었다. 이 사직청원서도 필요 없다.

지점장은 이 모든 것을 그 은행원보다 더 일찍 결정해 버렸다. 이제 그 행원은 자신의 행동에 자유를 느끼고, 그래서 자리를 떴다. 그렇게 그는 서둘러 또 단호하게, 자기 자신을 인식하지 못한다고 자신의 관념을 바꿔버렸다. 그래서 때로 그는 자신이 두려워지기 시작했다. 지금까지의 그의 삶은 그렇게 지루하고 그렇게 무의미한 의례적 행사들로 꽉 차 있어, 역겹게 느껴지고, 마찬가지로 생소하게 느껴졌다.

"그 사람은 내가 아니야."

그 남자는 자신에게 되풀이 말하고는, 출입문으로 서둘러 달려갔다.

"그 사람이 내가 될 수 없어."

그가 출입구에 다가갈수록 그곳 공기는 더욱 자신을 질식했고, 더욱 자신의 넥타이가 자신의 목을 졸랐다. 그 남자는, 자의식의 모든 모서리에서 갑자기 일어났다가 갑자기 사라지면, 바로 그 자리에 또 다른, 여전히 자신을 더 혼란스럽게 하는 자기 생각에 정말 신경이 너무 날카로워지고 심란해졌다. -그는 자신의 이전에 둥근 턱도 이제는 뾰쪽해짐도 알아차리지 못할 정도였다. 그리고 그렇게 젊은 윤곽이 드러났던 턱 위로 지금, 황금빛 머리카락이 거의 보일 듯 말 듯 하였다. 그 남자는 출입문 손잡이를 잡자, 마치 갑자기 부활절 월요일5)에 물동이에서 그의 머리 위로 햇빛과 온화한 따뜻함이 쏟아지는 듯했다. 그는 반쯤 두 눈을 감고는, 자신의 밝은 눈썹을 움직여 보고는, 그 남자의 일생 중 처음으로 갈색이 아닌, 밝은 초록의 두 눈으로 하늘을 올려다봤다. 생기로 충만한 낯선 사람의 눈으로. 그의 머리카락은 더욱 적황색이 되었다. 다른 사람들의 머리에서 그런 적황색 머리카락은 언제나 그에게 놀람과 흥미를 가져왔다. 그것은 작은 웃음을 불러 왔다. 그것은, 여느 다른 지루하게 보이는 갈색 머리카락 소유자들과 밤색 머리카락 소유자들에게서도 일어나듯이, 그들이 그런 적황색 머리카락 소유자를 보면, 비록 동정심으로 서로 쳐다보지만, 만일 잘 생각해 보면, 의심 없이 그들 각자가 천성의 선택받은 이가 된 것을 좋아하거나, 뭔가로 구분되기를 좋아하

---

5) *역주: 부활절이 일요일이고, 부활절 다음날 월요일은 나라에 따라 공휴일이기도 함.

는 듯했다.

그러나, 지금 그 선택받은 이는 그였고, 그는 행복해야 했다. 왜냐하면, 그의 모든 발걸음에서 그의 얼굴, 목과 양팔에 주근깨들 숫자가 늘어나고, 그의 머리카락이 햇빛에 그렇게 아름답게 빛나니, 지금 아무 의식 없이도 아이들이 그를 쳐다보기 시작했을 정도였고, 아가씨들도 선의의 웃음을 보여주었다. 그리고 그 남자는 그 점에 대해 아주, 더욱 기뻤다. 그러나, "행복보다 더한" 감성을 그는 아직 충분히 이해하거나 설명할 수 없었지만, 그의 의식은 이미 그것을 뛰어넘어 작동하고 있었다. 왜냐하면, 곧 그 상태가 그에겐 일상적이라야 했으니.

그 남자는 한 번도 자신의 직장인 은행에서 일찍 퇴근한 적이 없었다. 그 시절에도, 은행의 사방 벽 너머 삶이 존재함이 분명한데도, 누가 그런 생각을 해보았을까? 그것은 간단히 존재만 하고 있던 것은 아니었다. 그 은행 내부에도 삶은 존재했고, 밖에서도 삶은 끓고 있었고, 더 세게 끓어, 도로에 넘쳐흐르고, 사방으로 거품처럼 퍼져 나갔고, 아주 작은 도로에서 길, 골목, 출입문, 활형의 출입문, 공원들로 넘쳐났다. 그 삶은 공포의 회오리바람을 일으켜 사방으로 날아다녔고, 모든 사람을, 모든 물건을 단번에 시계방향으로 돌게 하고, 그러고는 다시 한번 반대 방향으로 돌게 하였다. 그리고 그 삶의 방향침은 그렇게 빨리 회전해 버리니 사람들이 이쪽저쪽으로 내달리고, 서로 부딪히고, 서로를 향해 욕을 해댔다. 이 모든 것은 두려움을 주는 시간 부족에서 벌어졌다. 그리고 이 모든 것은 그 방향 침이 너무 빨리 움직이는 바람에 벌어졌다. 그러나 적어도 은행 안에서는 그 방향 침은 전혀 달리 움직였다. 그 안에서의 시간은 평화로이 흘렀고, 마치 적당히 데운 프라이팬에 놓인 버터처럼 조용히 녹아 있었고, 은행 건물의 서편 날개에 배치된 사무실들의 사방에 석양이 따뜻한 옅은 색조를 조용히 또 똑같은 속도로 살포하였다.

그 은행에 그의 사무실도 있고, 아니, 더 정확히, 업무 장소가 붙은 그의 사무실이 있다.

바람이 휘저었다.

거리에서는 회오리바람이 불고 있었고, 그렇게 매일 그렇게 있었음이 분명했다. 그렇게 그것이, 은행 울타리 안으로 한 번도 들어오지 않았음을 제외하고는, 어디에나 있었다. 바람이 나무들을 뿌리째 뽑아 두 동강을 냈을 때도, 그 바람에 은행 건물의 창문을 마주한 어느 나무의 잎도 한번 흔들리지도 않았다. 아마 그 은행 건물은 어떤 종류의 지각 대변동도 숨겨 놓았고, 누군가의 숨소리마저 숨겨 놓았다. 그런데 그 증오의 건물에는 피뢰침 비슷한 것이 있어, 번개 대신 인생, 또는 더 정확히, 살아 있는 생명을 주제로 한 것은 피해가게 해 주었다. 그랬다. 모든 정상의 인간이 살아가기를 원하는, 정확히 그런 살아 숨 쉬는 생명은 피해가도록 해놓았다. 그리고 아마 지금의 지점장이 자신이 취임한 직후, 직원들이 일을 더 잘하도록, 또 모든 멍청함에 놀아나지 않게 하도록 그 피뢰침을 설치했을까? 그럴 수도 있지만, 그 시설물은 오래전부터, 그 지점장이 취임하기 이전부터 그 자리에 있었다. 가장 정확히 말하면, 필시 그 지점장도 스스로 그 시설물의 영향 속에 있었다고 하겠다. 그 시설물은 핸드폰 통신의 소통을 위한 통신용 첨탑이다. 사람들은 가장 높은 집에 그 시설물을 간단히 설치한다. 그것이 주택인지는 중요하지 않다. (아마 그러면 그때는 더욱 좋다). 그 시설물은 설지 허가를 요청해 허가받은, 낯선 사람들이 설치한다. 그것이 설치되면 아무도 그 영향에서 벗어날 수 없다. 곧장 작동하는 파장이 인간의 뭔가를 움직이지 못하게 해버린다(아무도 정확히 무엇인지 아직 모른다). 이 영향을 받은 사람들은 똑같은 운동 능력을 더 지니게 된다.

만일 그가 이전에 누군가에게서 그것을 들었다면, 그 남자는 그때 놀랐을 것이다. 하지만 그 생각이 바로 지금 그의 머릿속에 생겨났음을 알 필요가 있다. 그 남자는 여전히 어제 자신이 지리적 물체가 될 수 있었음을 생각해 보았다. 왜냐하면, 온종일 그 공간에서의 그의 위치는, 우리가 말하길, 화산이나 폭포 위치가 정의되는 것과 같은 방식으로 분명하게 고정되고 정의되었다. 의식과 무의식의 경계 선상의 어느 언저리에서, 그는 자신을 높은 바위나 선사시대의 거대한 나무로 이미 상상하고서, 죽은 사물들과 뭔가 친족이 됨을 통해, 적어도 자기 생각 방식대로, 자신의 불쌍한 존재감을 정당화하고 싶었다. 왜냐하면, 그런 모습으로 사람들은 당신을 알고 존경하기 때문이다. 비록 당신이 그것을 위해 전혀 힘을 긴장시키지 않아도, 당신은 간단히 서 있고, 당신은 간단히 존재한다. 그러나 그는 정말 살아 있는 사람이고, 살과 피로 만들어진 사람이고, 오직 간단히 존재하려고만 해도 늘 자신의 힘을 긴장시켜야 한다. -숨을 내쉬려면, 음식을 획득하려면, 또 그 음식을 소비하고, 그 음식을 에너지로 전환하려면. 그리고 이 모든 것은, 이 지구표면에 일정한 점에 다시 존재하려면, 정말 필요하다. 이 경우에 지리적 물체로 있음이 더 매력적인가? «매력적일 수도 있겠다.» 라고 그렇게 그 남자는 생각했다.

그러나 여기에도 뭔가 부적합했다. 뭔가 압박하진 않아도 오로지 천천히 몸에 굳은살을 만들고, 혼비백산하게 하고, 또 혼비백산하게 만드는, 너무 큰 구두처럼, 그의 뇌를 눌렀다. 그랬다. 정말. 모든 지리적 물체는 자신의 정확한 이름을 갖는다. 그것에 따라, 우리는 지도상에, 인터넷망의 탐색으로 그 물체를 찾을 수 있고, 우리는 만일 그것이 어떤 형태로 이름 불리는지 안다면 우리는 정말 뭐든 할 수 있다. 우리는 기차를 이용하거나, 무전여행을 통해서도 그 물체를 향해 여행할 수 있다. 왜냐하면, 누군가에게 물어보면 그 장소를 알려 줄 것이기 때문이다. 모든 사람은 적어도 인생에 한 번은 그 물체 이름을 듣게 되었다.

그런데 지금 그의 경우는 모든 것이 달라졌다. 그는 천성의 아무 기적도 아니고, 자기 이름도 모른다. 아무도 한때의 어느 좌표 시스템으로도 그를 찾아내지 못할 것이다.

왜냐하면, 그는 존재하지 않음이 분명하니.

그래서 그의 몸이 만드는 힘의 긴장으로는 간단히 바위나 폭포처럼 존재하기엔 충분하지 않다. 그런 생각들은 그 남자의 머릿속에서 그렇게 논리적으로 정리되지 않고, 앞서 말한 공식처럼 그렇게 분명하지도 않았다. 그가 몇 초 만에 그런 내용의 글이 실린 나뭇잎을 받고서, 그 나뭇잎 위로 모든 것을 설명해주지 않는 눈길을 보내는 것만 성공했다. 그러나 자주 일어나듯이, 그는 충분히 이해하지 못한 모든 것에 대해 확신했지만, 이해하지 못하고, 모든 것이 그것이 있어야 할 그런 방식이 아닌 다른 방식으로 일어나고 있음은 알게 되었다.

그러나 지금 그 남자가 거리 한가운데 바위처럼 서 있는 것은, 힘이나, 아마, 확고함이나, 여전히 바위와 사회화되는 것 때문이 아니라, 그가 아무것도 걸치지 않은 누군가이기 때문이고, 낙엽이나 이끼 조각도 하나 없는, 아무것도 덮지 않은 맨 바위의 모습으로 빛나는 바위 조각처럼 서 있다는 점 때문이었다.

그리고 만일 그의 고전적 검정 정장이 부족하다면, 그는 자신이 이 길의 한가운데서 속옷만 입고 있음을, 아니면 속옷조차 입지 않은 채로 서 있다고 말할지도 모른다. 그는 자신이 뭘 해야 할지 몰랐고, 어디로 자신이 가야 할지도 몰랐다. 왜냐하면, 그는 사람들이 그런 상황에서 자신을 어디에 두어야 할지를 간단히 모르기 때문이었다(그리고 전반적으로 적어도 한번은 그런 상황이 있었다고 경력에 기록되었을까?). 그리고 사람들이 그날 그 시간에 할 일을 다 하고 나면 뭘 하지?

왜냐하면, 그와 같은 부류의 사람들을 제외하고, 이 세상에는 온종일 아무 일도 하지 않거나, 할 수 없거나, 아니면 하지 않으려는 사람들도 수두룩하다.

그 남자는 매일 귀가 버스를 기다리던 그 버스정류장에 앉았다. 여느 때처럼, 아무 움직임 없이, 자신의 두 손은 무릎에 올려놓고. 그리고 지금에야 그는 자신의 이상한 변화를 감지했다. 그는 자신의 손을 기억했다. 그가, 그런데도, 이미 잘 아는 다른 뭔가를 기억하고 있었을까? 그는 자신의 두 손의 모든 관절을, 모든 반점을, 칼에 베인 모든 작은 상처를 자세히 기억하고 있었다. 그리고 그 남자는 자신이 넓은 주먹과 크고 힘센 양팔을 지니고 있음을 또한 알고 있었다. 농민이 격한 노동으로 얻은 그런 양팔이 아니라, 힘센 체격을 가진 사람이 갖는 그런 양팔을 지니고 있었다. 그런데 지금은 그는 그 두 팔을 인식하지 못했다. 그것들은 지금 신체의 낯선 일부분일 뿐이었다. 누군가 건방지게 그의 두 팔을 바꿔놓은 것 같았다. 그래서 그 남자는 정당하게 분개하여야 했지만, 갑자기 그런 변화가 그에겐 좋아 보였다. 가냘픈 주먹, 그 우아한 긴 손가락들 -이 모든 것은 그를 위대한 피아니스트로 만들려고 한 것처럼 보였다. 마침내 그는 정말 음악가가 될 수도 있었으리라. 지금 그 남자는 자신이 한 번도 주목하지 않았던 것들을, 피상적으로 관련된 것들을 두려워하는 신성모독자처럼 보였다. 그가 얼마나 많은 세월 동안 음악 지식을 획득해 오지 않았던가? 많이도 잃은 만큼, 그만큼 많이 다시 얻음도 필요하듯이.

그 남자는 정류장에 앉아 사람들을 관찰했다.

그러나 그의 눈길에도 뭔가 변화가 있었다. 그는 정말 집중해 모든 사람을 관찰했다. 마치 뭔가가 그것에 연관성이 있는 듯이. 그는 바로 자신이 그 행인을 기나리고 있었다는 듯이 마치 기쁜 표정으로 그 행인을 바라보고는, 자신의 똑같은 흥미로운 눈길로 그 행인이 다른 소란스러운 사람들 뒤로 사라질 때까지 그 행인을 따라갔다. 그리고 나중에 그 남자는 자신을 위해 다른 물체를 찾아보았다. 그는 그들 삶의 작은 파편만, 일부만 볼 수 있었다. 그럼 이 정류장에서는 그가 오기 전에 무슨 일이 있었고, 그가 떠난 뒤에 무슨 일이 일어날까?

그는 아직 한 번도 가본 적 없는 영화관으로 몰래 들어가는 방랑자처럼 보였고, 지금 저 영화관 홀의 출입문에 서 있는 듯했다. 그러나 그는 몇 밀리미터 차이로만 그 출입문을 열 가능성을 갖고 있고, 그래서 좁은 틈새를 통해서만 영화를 본다. 그것은 그렇게 좁은 틈새라서, 아무것도 이해될 수 없어, 뭔가 파편들, 그림자들, 색깔들만 본다. 그리고 그 출입문을 더 넓게 열어 그곳으로 들어가는데 허가를 요청할 마음이 생긴다.

그리고 그 남자는 무엇을 위해 자신의 이 삶을 선택

했는가? 서류함을 든 교사나, 아니면 곱슬머리를 한 음악가나, 아니면, 자신의 연인과 뭔가로 그 연인을 비난하면서도 그 연인의 손을 아직 놓아주지 않는, 함께 티격태격하는 그런 청년의 삶은 왜 선택하지 않았던가? 어느 소년이 그 남자에게 다가와, 뭔가 아주 어리석은 간단한 질문을 하였지만, 그는 대답하지 않았다. 왜냐하면, 그는 자신이 무슨 말을 해야 할지 간단히 몰라 답을 하지 못했다. 그러나 대답을 알고는 싶었다. 예금 이자율에 관해 묻는 말은 아니었기 때문이었다. 그리고 만일 그 소년이 그 이자에 관해 묻는다면? 그때 그 남자는 자신의 입을 열 수 있었을까? 또 그는 웃을 수 있었을까?

이날은 끝나가고 있었다. 그리고 그 남자는 더 일찍 그런 도로를 -파스텔 색조가 가득한 도로를 전혀 본 적이 없는 것 같다. 태양은 지고 있어도, 아무도 자신을 그림자 안에 숨지 않고, 아무도 불평하지 않는 그런 따뜻함을 선사하고 있었다.

그 남자는 자신의 얼굴을 따뜻한 햇볕에 두면서 공원 벤치에 앉아있었다. 검정 클래식 정장 때문에 좀 땀이 났다. 그 옷이 저녁을 앞둔 산책에 그리 어울리지 않았지만, 그 남자는 서둘러 집으로 향하지 않았다. 그는 자신이 언제 좀 감상적인 순간이 있었는지 자신에게 물어보았지만, 그는 나중에, 단순히 그 점에 대해선 자신이 잘 모르는 것이 바르다고 결론지었다. '그래, 그것은 오늘 전혀 나쁜 결말은 아니야'라고 그 남자는 생각했다. 마침내 그는 적당한 방식으로 자신의 삶을 정리할 수 있었다. 그는 자신의 약혼녀에게 더 큰 관심을 두기로 하고 자신의 늙으신 어머니를 더 잘 보살필 결심을 할 것이다. 그는 몇 주간 집에서 휴식할 것이고, 그러면 건강한 잠과, 많은 열량의 가정 음식이 도와줄 것이다. 건강을 회복하는 것이 그의 임무였다. 왜냐하면, 그가 이미 겪은바, 기억력 부족은 사람을 불합리한 상황으로 밀쳐버린다는 것이다. 간단히 말해서, 그 일은 다시 발생하지 말아야 한다. 그는 즉시 집으로 가, 새 소식으로 어머니가 기쁘게 할 수도 있다.

그 남자는 이미 그 어머니-자식의 만남을, 어머니의 기뻐하는 얼굴을 상상했다. 그러나, 아니다. 그는 아직 조금 더 벤치에 앉아 석양을 바라볼 결심을 했다. 사실, 저물녘에 자신은 아무 특별한 것을 보지 못했으나, 간단히 아무것도 하지 않음이 좋았다. 이렇게 앉아 아무 생각 않고, 어떻게 사람들이 이곳저곳으로 가고 있는지를 보기만 했다. 모두가 진지한 표정으로, 무슨 일로 바삐 움직이고 있음을 관찰하는 것은 아마 인생에 처음인 듯했다. 그렇게 그 남자는 첫 가로등들이 켜질 때까지 앉아있고, 거리의 악사들이 인근 오솔길에 자리 잡고, 뭔가 슬픈 곡조를 연주하고 있었다. 모든 게 그런 상황이었다. 그리고 따뜻한 기온, 또 가로등의 침침한 불빛, 또 우울한 바이올린 소리 -이 모든 것이 그 남자를 달래기 위해 공모한 것 같았다. 그에겐 반쯤 졸리고 따뜻한 분위기 속에서 자신이 이만큼 행복한 적은 아직 한 번도 없었던 것 같았다. 모든 것은 일어나야만 하는 방식으로 일어났다. 그리고 그의 앞에는 행복한 새 삶이 기다리고 있다. 그가 한 번도 상상하지 못한 삶이다. 왜냐하면, 그는 한 번도 그런 삶을 본 적이 없고, 한 번도 그렇게 살아보지도 않았지만, 바로 이렇게 -뭔가 더 새로운 것이 그를 위해 준비되어 있음은 정확히 알았다.

그때, 갑자기 뭔가 크고 단조롭게 퍽-하며 때리는 소리가 들렸다. 그 때림은 즉시 그의 머릿속에 고정된 듯했다. 마치 누가 그의 두개골을 때려 거대한 구멍을 만드는 것 같았다. 아마 그것은 시계였다.

적어도 지금까지는 그는 그것이 시계라고 분명히 말하고 있었다. 아니면 그것이 시계인 줄로 꿈꾸고 있었다. 그러나 지금 그는 그것에 대해 완전히 확신을 갖지 못했다.

그 남자는 자신의 두 눈을 떴다. 그는 똑같은 공원의 벤치에서 두 팔을 머리 아래로 둔 채 누워 있었다. 벤치 위로는 아주 큰 나무가 해 줄 수 있는 만큼, 그 남자를 비로부터 피하게 해 주었지만, 빗물은 그런데도 무성한 잎으로 만든 왕관 사이의 틈새로, 두꺼운 빗방울이 그의 얼굴로 한 방울 두 방울씩 떨어져, 턱과 목으로 좁은 물길을 만들어 흘러내렸다. 바깥은 차가워졌고, 그 때문에 그 남자는 자신이 할 수 있는 한, 무릎을 가슴 쪽으로 당긴 채, 움츠리고 있었다.

얼마나 오랫동안 그는 잠을 잤을까? 그는 지금 시각이 어찌 되었는지 몰랐으나, 자신의 주변에 사람이라곤 전혀 보이지 않아, 분명히 아주 늦었음을 알게 되었다. 그래서 그 남자는 제자리에 일어나 앉았다. 그는 갑자기 한기를 느끼고, 맨손을 비비지 않으면 안 될 정도였다. 그리고 지금에야 그는 알게 된 것이 자신이 덮고 있던 옷은, 자신이 잠들기 시작할 때의 옷이 아니었다. 그 값비싼 검정 정장은 어디론가 사라지고, 그걸 대신한 정말 넝마 같은 옷조각이 덮여 있었다. 오른 무릎에 구멍이 난, 기름때 묻은 운동복 바지를 입고 있었는데, 더구나 너무 커, 그가 확실히 허리 부분을 꼭 매야 할 성노였다. 속옷도 그의 체격에 맞지 않았다. 더구나 그것은 젖어 있었다. 그 남자는 자신에게 무슨 일이 일어났는지 이해해보려고 애썼다. 누군가 그가 입고 있던 의복을 훔쳐 가버렸다는 느낌이 어찌 들지 않을 수 있겠는가? 그는 자신의 기억을 되살려 보려고 긴장시켰으나, 모든 기억은 그 공원에서의 감미로운 음악과 전등으로 끝났다. 그리고 전반적으로 그는 놀랍게도 깊이 잠들고, 아주 잘 휴식했다. 집에서조차도, 그 따뜻한 침대에서도, 그는 그렇게 천하 태평스럽게 잠잘 수는 늘 없었다. 그러나 만일 사람들이 아직 이곳에 있고, 그를 지켜본다면? 그 점에 대한 한 가지 생각조차도 그 남자를 두렵게 했다.

그는 자리에서 벌떡 일어나, 뒤도 돌아보지 않고 그 공원 밖으로 나왔다. 참을 수 없는 추위 때문에 그는 길을 걸어가면서 자신의 어깨를 웅크리고 걸었다. 그 남자는 만일 자신이 갑자기 자신의 지인 중 누군가를 만난다면, 그 웃기는 상황을 이해하곤, 자신이 얼마나 바보스럽게 보일지 이해했다. 그러나 다행스럽게도 그가 아는 모든 지인은, 이런 날 이 시각에 인적 없는 도시에서 걷지 않는, 존경받아 마땅한 사람들이다. 물론, 만일 그들이 밤중에 어딘가로 여행을 가려면, 그런 경우가 간혹 일어나지만, 그때 그들은 자신의 자가용이나 택시를 이용한다. 그리고 그가 거의 접촉할 만큼 가까이 그들과 있게 되더라도, 그런 지금의 그의 모습을 아무도 알아차리지 못하리라. 그러나 그의 지인들 대부분은 은행에서 일하고, 그는 그 은행을 다시는 기억하고 싶지 않았으니, 그는 그런 지루한 명상을 집어치우기로 했다. 대신 그는 뭔가 유쾌한 것을 생각해 보는 편이 더 나았다. 그래서 그 남자는 자신의 침대를, 자신의 방을, 자신의 서책을 상상해 보았다. 그는 어서 자신의 집으로 가, 이런 공포의 일련의 사건들을 끝내리라. '내일이면 모든 것이 바뀔 거야,'-그는 자신에게 말했다. -내일이면 모든 것이 바로잡힐 거야.

그렇게 생각하고는, 남자는 내키진 않아도 달려가기 시작했다. 그렇게 뛰니 그는 자신의 몸이 좀 데워지고, 더 빨리 집에 도달할 것 같았다. 반 시간도 채 못되어, 그는 읍내에 도착했고, 1층과 2층으로 된 집들이 잘 정리된 자신이 사는 거리까지 왔다. 그곳에서 그 남자는 더욱 확신했다. 이제 그는 더는 누군가로부터 관찰을 당하는 것처럼은 보이지는 않았다. 이미 자신의 집 옆에 그는 자신의 숨을 고르기 위해 멈추었다. 그는 몸을 숙여, 두 팔로 무릎을 짚고서 자신의 상체를 지탱하고는, 나중에 1분 뒤에는 일어서서, 온

몸을 바로 세우고는 자기 집 출입문으로 향했다. 그러고는 그는 갑자기 자신에게 열쇠가 없음을 알아차렸다. 그가 늘 스스로 문을 열쇠로 여는 일은 불필요한 노동이라고 말해 왔기에, 어머니가 언제나 출입문을 열어주었다. 그때마다 늘 어머니는 그래도 안전수단이 절대로 불필요하지 않음을 아들에게 확신시키려고 했다. 아직 밤인데도 자기 아들이 집에 자러 돌아오지 않고, 아들에게 무슨 일이 일어났는지 모를 때, 부모라면 모든 무의미한 것에 관심을 두며, 나중에 편히 잠자리에 들 수 있겠는가?

분명히, 지금 그는 어린 소년기를 지난 지 아주 오래되어, 한 번도 집에 늦게 들어오지도 않았다. 그리고 그런 경우가 생기면 가까운 사람을 불편하게 하지 말아야 하지 않는가? 그랬다. 어머니는 정말 그 아들에겐 가까운 사이니까. 아들은 어머니가 안 계시면 곧장 알아차릴 것이다. 하지만, 그는 어머니와 그만큼 가까운가? 이제 그는 그 멍청한 질문을 하는 자신을 질책했다. 왜냐하면, 그 결론은 그 자신으로부터 강제되었지만, 그는 적어도 지금은 그렇게 대답하고 싶지 않았다. 왜냐하면, 지금, 다른 때보다도, 그는 누군가로부터 확인이 필요했다. 아마 만일 그 남자가 그만큼 피곤하지 않았다면, 그는 어머니 때문에 마음이 상했을지도 모른다. 하지만 지금 그것은 그와 무관했다.

그는 적어도 울타리를 넘는 데 성공했다. 그 울타리는 매우 높았지만, 초등학생 이전의 아동이라도 충분히 그 울타리를 넘어갈 정도였다. 그 남자는 툭 튀어나온 여러 돌출물에 매달리더니, 몇 초 뒤에 이미 자신의 집 마당에 들어섰다. 그는 건물 출입문에 다가가, 어머니를 놀래지 않게 하려고 출입문을 조용히 두들겼다.

그러나 아무도 그 출입문으로 나오지 않았다. 그가 정말 기대하지 않은 일인 것 같았다. 그 남자는 다시 좀 더 크게 두들겼고, 나중에는 초인종도 눌렀다. 몇 분 뒤 발걸음 소리가 들려왔다. 아니, 그것은 밤새 자지 못하고, 초인종 소리를 그렇게 오래 기다려온 신경이 날카로워진 사람의 황급한 발걸음이 아니었다. 그것은 노인의 일상적이고 느리게 질질 끄는 슬리퍼 소리였다. 그녀는 여전히 조금 소리를 냈으나, 아마 그 출입문 너머의 남자에 신경을 곤두세우고 있었다.

"누구요?"

질문은 그 남자를 깜짝 놀라게 했다. 그는 그리 피곤하진 않았지만, 화가 좀 치밀었다.

"엄마, 나요. 어서 빨리 문 열어 줘요. 지금이 몇 시인지 못 보았어요?"

그 출입문은 그 노인이 좁은 틈새로 자신의 코와 오른쪽 눈을 내밀 만큼만 열렸다. 그러나 그녀의 오른쪽 눈 하나로도 한 무더기의 수많은 적황색 머리카락인, 또 더럽혀진 옷을 입고 면도도 되지 않은 품팔이 일꾼을 보기엔 충분했다. 그의 겉모습을 한 번 본 그 노인은 익숙한 것이란 없고, 움푹 들어간 두 눈의 피곤한 눈길도 추워 떨고 있는 너무 불쌍한 얼굴도 온전히 낯설다. 그 모습을 본 어머니는 아주 무서운 생각이 갑자기 들었음이 분명했다.

"저리 가요. 씻지도 않은 작자 같으니. 만일 가지 않으면, 내가 곧장 순경을 부를 테다."

그녀는 그 출입문을 닫을 태세였고, 정말 그녀가 약속한 곳으로 전화할 의도였다.

그러나 남자는 이 상황의 온전한 심각성을 아직도 이해하지 못했다. 그래서 그는 흥분했다. 그는 바로 그때 그 출입문의 가장자리를 잡고, 그것을 자기 앞으로 당겼다.

"정말 엄마 아들이라고요. 엄마도 나를 못 알아보는 음모에 가담했나요?"

그러나 그 노인은 대답하지 않았다. 그녀는 그만큼 겁이 나, 방 안으로 물러서고는 벽난로 쪽으로 몸을 기댈 정도였다. 그러나 그녀는 정신을 차리고는, 그 남자가 문턱으로 오르자, 갈탄을 퍼담는 삽으로 몇 개의 갈탄을 담아, 그가 오는 방향으로 곧장 던져 버렸다. 그 갈탄 중 하나가 그의 발 옆의 바닥에 떨어지고, 다른 하나가 그의 귀를 맞혔고, 살갗에 상처를 내어, 아팠다. 그는 상처 입은 살갗 때문이라고 보기보다는, 그 황급함에 크게 소리를 내지르고는 밖으로 뛰쳐나왔다. 출입문은 갑자기 그의 등 뒤에서 큰 소리로 닫혔다.

"내 아들은 은행원이요! 그리고 만일 당신이 한 번이라도 내 아들을 보았더라면, 당신이 지금 내 아들이라고 할 용기가 나지 않을 거요! 집 잃은 돼지 같으니라고."

남자는 계단을 따라 아래로 뛰어내려서는 자기 집 창문 아래 작은 길로 돌진했다. 그는 차가운 시멘트 바닥에 풀썩 앉아서는 자신의 무릎을 껴안고 씁쓸하게 크게 울부짖었다. 그의 몸은 머리끝에서 발끝까지 흙으로 덮였고, 그의 한쪽 귀는 뜨거운 액체로 된 피가 흘러내렸다. 그 일련의 사건들로 생긴 방금의 쇼크는 몇 분 동안 그 아픔을 눌렀으나, 지금, 정신을 좀 차려 보니, 아픈 곳은 귀뿐만 아니라, 전신이 거의 깨진 듯이 아팠다. 모든 것은 절망적인 것 같고, 그 남자에겐 더는 의미가 없었다. 그가 미쳤거나, 아니면, 그를 아는, 더 정확히는, 그가 알았던 모든 사람이 미쳤다. 만일 자신의 어머니조차 그를 알아보지 못한다면, 더는 어찌한단 말인가? 아마, 그는 정말 자신에게 보였던 그런 사람이 아니거나, 아마 그가 사는 곳이 이곳이 아니거나, 그 나이 많은 독립적인 여성의 반응이 당연하고 온전히 논리적인가?

잠시 시간이 흐른 뒤, 그 남자는 그 유사한 감정에 공감했으리라. 그런데, 갑자기 그는 뭔가가, 낯설고 불필요한 물건처럼 시멘트 위에 놓인 자기 손에 뭔가 따뜻함을 느꼈다. 그 남자는 머리가 심하게 아파, 그 갑작스러운 따뜻함의 근원과 출처를 즉각 이해할 수 없었다. 그가 두 눈을 떠서 살펴보니, 자기가 기르던 개가 그의 손을 핥고 있었다. 그 개는 자기 주인이 있다는 기쁨을 표시하며 꼬리를 활발하게 흔들고, 나중에 그의 볼을 핥아 주었다. 남자는 정말 감동하여, 그 개 앞에 무릎을 꿇고, 개의 목을 껴안았다. 또 흐르는 눈물을 주체할 수 없었다. 그는 개를 끊임없이 쓰다듬고, 자기 손가락들을 그 개의 짙은 털에 깊숙이 넣어보니, 매번 혹 같은 더러운 것들이 뭉쳐 있음을 알게 되었다. '오랫동안 아무도 너를 돌보아주지 않았구나.' 그 남자는 생각했다.

그렇게 그들 둘은 얼마나 시간이 지났는지 모르고 있었다. 개는 -주인을 핥으면서, 또 주인은 -만일 지금까지 그리 독립적이지 않았던 엄마가 몹시 화를 내며 방해하지 않았더라면 좋았을 터인데 하면서 자신의 신세를 한탄하며. 그녀에겐 자기 마당에 어떤 낯선 남자가 와 있다는 것은 필시 좋아할 일이 아니었다. 그녀는 화단 옆에 남자가 아직도 몸을 웅크린 채 있음을 창문을 통해 수시로 보고는, 어찌하면 저 작자를 저곳에서 쫓아낼 수 있을지 여러 방안을 고심하였다. 그래서 그녀는 틀리지 않은 길을 선택했다. 너무 이른 시간임에도 불구하고, 그 여자는 예의를 무시한 채 가장 인근의 사람들에게 전화를 걸었다. 이 동네에 걸인이 나타났는데, 그자가 이 밤에 우리 집 울타리를 넘어와, 마치 자기 집인 것처럼 낯선 마당을 산책하고, 우리 집의 개도 괴롭히면서, 우리 집에 강제로 들이닥치는 시도조차 했다고 알렸다. 그리고 바로 지금, 그 남자가 그녀의 집 창문 아래서 편안히 누워 있다고 전파했다. 이웃들의 반응은, 물론, 번개처럼 빨랐다. 남자는 이웃의 집들에서 사람들이 전등을 켜는 것을 즉시는 알지 못했다. 외부가 소란할 때, 그제야 그는, 반대편의 여러 집에서도 동시에 대문이 열리고, 이웃 사람들이 잠에서 깨어, 그중 몇 명은 창문을 통해 바깥을 내다보기조차 하는 것을 보았다. 몇 명의 용감한 이웃들은, 임시의 장비를 -롤러스케이트, 몽둥이, 그리고 몇 명은 칼도 -들고서 그의 집 앞을 향해 오고 있었다.

　그 남자는 위험을 즉시 이해하지 못했다. 하지만 그 개는 이미 으르렁대고 있고, 매 순간 초대받지 않은 손님들에 대항하여 자신을 던질 태세였다. 이웃 사람들의 손전등 불빛이 그들 화단과, 좁은 길에까지 미끄러지고 있었다. 여전히 조금 뒤면, 그리고 곧 그 불빛은 그의 집 옆의 웅크린 그의 몸 위로 떨어질 것이다. 그러면 그때 그는 이미 도피하지 못할 것이다. 이해될 수 없는 활발함과 에너지가 그 남자에게 갑자기 생겨, 그가 얼마나 서둘러 뛰쳐 일어나 달렸는지, 또 바로 그 순간 자신을 자기 집 뒤로 숨겼는지 알 수 없을 정도였다.

'그것은, 진짜 뭔가 잠이 고프고 피곤한데도 다음 날 아침까지 춤추고 즐겁게 노는데 필요한 힘을 주는, 술 취한 상태와 비슷했다.' 나중에 그 남자는 생각했다. 물론 그가 술에 취해 본 경우가 전혀 없었음에도 말이다. 하지만 그는 모든 것이 거의 그렇게 일어나고 있음을 알아차렸다.

남자가 소년처럼 아주 쉽게 이웃집 울타리들을 뛰어넘어 다녔고, 여러 마당에 장식해 둔 난쟁이 모형들을 스쳐 지나가니, 지금 고함과 소동은 멀리 뒤에 남아 있었다. '바로 저게 내 집일까, 바로 저게 내 집이었을까?' 그 남자는 자신이 이곳으로 더는 돌아오지 않으리라 확고히 결심하고는 그런 생각을 했다. 어떻게 그는 그런 사람들 사이에서 살 수 있겠는가? 분명히, 모든 정상적인 사람이라면 영원히, 남자이거나 여자이거나, 늘 정말 이웃 사람에 의해 죽임을 당할 수도 있는 그런 장소라면 그곳을 달아났으리라. 그랬다. 장래에 그는 반경 20km 내 사람이 거주하지 않는 곳에 가정을 갖고 싶다. 그것은 최소한도인데. 더구나 개는 몇 마리 함께 있으면 좋겠다. 갑자기 그 남자가 주목해 보니, 그의 옆에서 아직도 그의 개가 총총걸음으로 걸어가고 있었다. 그리고 이것이 그가 그임을 입증해 주고, 어떤 방랑자, 걸인, 도둑이 될 수 없고 이곳에 사는 남자이고, 그 개의 주인인 사람임을 입증하는 유일한 것이 되었다. 왜냐하면, 개라는 동물은 자신의 주인에게 충직하기에. 그리고 낮은 높이로 총총거리며 달리는 개의 모습은 그의 가장 좋은 오늘의 사건이다. 그 남자와 그 개는 그 도시의 다른 쪽 끄트머리에서 어느 잘 사는 집에 가까이 가 있었다. 그 집은 자신의 집과 거의 같은 크기였고, 그곳 도로도 전혀 달라 보이지도 않았다. 남자는 여러 번 생각하길, 만일 그가 어느 날 밤에 자신이 있는 바로 이곳에, 전혀 모른 채, 오게 되었다면, 자신이 어디 있는지도 몰랐지만 아마 그 집이 자기 집인 줄 착각하고 들어갔을 것이다. 그러나 그런 유사한 구조를 통해 남자는 긍정적인 것만 보았다. 한때 그는 자신의 약혼녀와 결혼을 하게 될 것이다(이는 언젠가 꼭 일어날 일이다), 그때 그는 모든 새로움에 익숙하지 않아도 될 것이다. 왜냐하면, 모든 것은 이전과 거의 같을 것이기 때문이다. 분명히, 모든 것에 여전히 더 익숙하려면 가구만 몇 점 옮겨놓으면 될 것이다. 남자는 아무 새것을 좋아하지 않았다. 그 새것이 그의 삶에 너무 자주 나타나 자신을 위협할 때는 특히. 왜냐하면, 그때 그는 그 새로움에 익숙해야 하기 때문이었다. 그리고 그의 삶은 수십 년간 공고해진 일관된 습관이라, 그 예스러움이 그에게 꼭 맞다 하더라도, 그 새로움에 대항하는 자신의 삶을 간단히 교환할 필요성이 있을 터인데.

그래, 그의 약혼녀는, 여러 해 동안 약혼녀로 남아 있어야 했고, «그런데도 언젠가 해야 할 일»이란 문장에서 «언젠가» 라는 말은 나중에 끝없는, 길고도 정의되지 않은 기간을 의미했다. 그런 모습으로는 그가 자신의 약혼녀에게 간 적이 한 번도 없었다. 그런데, 그것이 어떻게 중요한가? 지금 그는 그런 섬세함과 헌신으로, 이전과는 전혀 달리, 그녀를 생각해 보았다. 그녀를, 이 세상에서 그를 이해하고 공감하는, 이 세상에서 유일한, 유일한 여성으로 알고 있다. 그리고 그들은 함께 그의 지점장과 이웃 사람들에 관해 대화를 나눌 것이다(어머니에 대해선 거론하지 않을 결심을 했다). 그는 자신이 얼마나 강하게 자신의 약혼녀를 사랑했는지 이전에는 왜 알아차리지 못했을까? 그래, 그는 그녀에게 그 점을 오늘 말하리라. 아니, 그는 더 나아가 -그는 결혼을 제안할 것이다. 그녀가 원하듯이 함께 살지는 않아도 결혼하기. 그러면 만사가 이뤄질 것이다. 하얀 드레스와 그가 허용할 수 없는 올리브유... 모든 음식에 올리브유가 쓰인다. 올리브유조차 공모자가 되어라 -그것은 그에겐 무관심하다. 또 여전히 그도 두 마리의 비둘기(그들은 잘 살길!)가 아니라, 그녀가 원했듯이, 20마리조차 모아, 저녁 내내 한 쌍씩 차례로 자유로이 날려 보낼 것이다.

그는 평생 저축한 돈을 꺼내, 그 돈의 아무 흔적이 남지 않도록 은행에서 번 돈을 아무 흔적이 남지 않게 마지막 1코펙까시 써버릴 것이다.

그리고 이상하게도, 어제 그는 직장에 낭패를 당해 지각했고, 오늘도 은행을 연결하는 그 기억조차 증오했다. 그리고 은행과 연결된 모든 것을 경멸했다. 그가 그 일을 좋아하지 않음을, 또 그 은행 일이 이젠 자기 직업이 아님을, 그에겐 부적합함을, 또 그로서는 자신이 그곳에서 사랑받지 못함을 어찌 모르고 있었던가? 마침내 그는 이곳, 이 집에서, 사랑받는가?

그는 꽃과 다른 뭔가를, 사탕도 가지고 있었어야 했다. 그랬다. 그의 약혼녀는 사탕을 좋아하고, 더구나 이 모든 것이 예쁜 작은 상자들 속에, 여러 색깔로, 아마, 또 그 상자들을 밝은색의 끈으로 묶어 둬야 했다. 그렇게 그 남자는 자신을 이웃 사람들에게서 숨기면서, 화단에서 팬케이크처럼 붙어버린 마른 흙덩이들을 자신의 옷에서 털어내면서 생각했다.

만일 그가 거울을 가지고 있고, 그 거울로 자신의 현재 모습을 보았다면, 그는 목 부분에 짙게 말라버린 핏자국도 보았을 것이고, 나중에 이해될 수 없는 색깔의 더러운 속옷이 흠집이 나 있는 것도 보았을 것이고, 낮설고 솜털 같은 적황색 머리카락도, 또 분명하게 윤곽이 드러난 광대뼈가 드러나온, 낮선 깡마른 얼굴도, 또 낮선 긴 목과, 낮설게 볼록 튀어나온 빗장뼈도 보았을 것이다. 그러나 그 남자는 거울을 지니고 있지 않았기에, 그 모습을, 자신의 전체 모습이 피골이 맞닿음을 볼 수 없었다. 그는 피부에서 피가 말라 수축한 것도 느꼈고, 좀 가려웠다. 때때로 그는 눈먼 조각가가 자신의 조각품을 손으로 더듬어 보듯이, 자신을 만져보고는, 자신의 양 볼이 어디론가 달아나고, 자신의 코에 있던 혹도 어디론가 사라져버린 것에 놀랐다. 그것은, 지금까지 그에게 일어났던 모든 일이 오해였듯이, 뭔가 오해였던 것 같았다.

그 남자는, 그렇게 새벽에 일찍 도착해 자기 약혼녀를 두렵게 하는 상황을 만들지 않으려고 약혼녀가 직장으로 출근하는 시각까지 기다릴 결심을 했다. 그때 그가 그녀에게 다가가, 사실, 어떻게 어제 일이 이리 벌어졌고, 오늘 이 모습임을, 이 모든 것을 다 말하리라. 가장 나쁜 모든 것은 이미 뒤로 남게 된다. 그리고 그때 그는 뭔가 비슷한 일이 어딘가에 일어났고, 언젠가 그는 똑같은 것을 느끼고, 한때가 아니라, 서둘러 자신의 엄마 집으로 갔을 때였다는 생각에 붙잡혀 있었다. 그러나 그는 그 생각을 뿌리치고, 세게 자신의 무릎을 두 팔로 껴안고, 자기 약혼녀의 울타리 옆에, 잘 잘려 정돈된 잔디밭에 앉았다. 아직은 조금……

남자는 출입문이 끼-익- 하며 열리는 소리에 잠에서 깼다. 좀 둔탁하면서도 짧은 발걸음들이, 하얀 솜털이 달린 구두가 누르는 발걸음들이 그의 눈높이에서 지나가다가, 길로 나서고 있었다. 그가 예상하고 계획된 방식이 아닌 채, 뭔가 다가오는 것을 본 그 남자는 신경이 날카로워졌다. 그리고 그는 그 만남을 이렇게 예상했다. 처음에 그는 아마 자신의 지금 모습을 보고 약혼녀가 좀 놀라지 않도록 하려고 그녀에게 «미안, 내가 이 모든 것을 지금 설명해줄게.»와 비슷한 무슨 말을 외치려고 했다. 하지만 그러기엔 지금 너무 늦었다. 그의 심장이 미친 듯이 뛰기 시작했고, 귀 안도 뭔가가 때리기 시작했다….

그렇게 웅크리고 있던 그 남자가 서둘러 자리에서 일어나 보려고, 적어도 그런 식으로라도 인간의 모습을 유지하려고 몸을 세워보려고 원했지만, 지금 그는 분명히 가장 좋은 상태가 아니었다 (결국, 그는 결코 가장 나은 상태에 있던 적이 없었다. 지금은 덜 나은 상태에 있다). 그가 자신의 남자다운 늠름함으로 악기의 현처럼 그렇게 몸을 바로 세우는 대신, 무슨 개구리의 이상한 뜀뛰는 자세를 만들고는, 더욱이 자신의 굽은 다리로는 개구리처럼 땅에 제대로 착지도 못 하는 바람에(빌어먹을, 적어도 그렇게), 그는 똑같은 하얀 모피 술 장식과 솜털이 달린 작은 구두 앞에, 또, 보통 사람이라면 거리에서 정상적 공간을 유지하면 전혀 인식하지 못한 여전히 무슨 장식물들 앞에 고꾸라졌다. 그러나 그 남자는 그것들을 지금 아주 잘 보았다. 왜냐하면, 그는 온전히 가까이서 그런 작은 물체들이 잘 보였기 때문이었다.

남자는 여전히 무슨 일이 일어났는지 이해하는 데 성공하지 못했다. 요는, 인형같이 작고 새소리 같은 목소리를 가진 약혼녀가, 또, 그녀 구두로 판단하건대, 이미 그 남자 모습을 보기도 전에 주변에서 이상한 냄새를 맡고, 계속 불만족한 표정을 지으며, 출입문 손잡이를 세게 쥐고서 크게 뭔가 쫑알대더니, 반사적으로 아무도 예상하지 못할 힘을 내고는, 자신의 작은 다리 하나로 그 남자를 향해 발길질을 세게 하더니, 그 남자의 가슴을 정통으로 맞혔다. 그러고는 그녀는 자신의 온몸을 부르르 떨면서 계속 뒷걸음치면서, 그 남자가 아파 풀밭에서 비틀거리면서도 그녀에게 뛰어와 그녀를 붙잡을 수도 있다는 생각에, 도로의 아래쪽을 향해 내려가면서 자신의 발뒤꿈치로 요란한 소리를 냈다.

이제 그 남자의 삶은, 적어도 무슨 정의를 얻었는데, 그 정의라는 것은, 그가 자기 자신에 대해 완전히 비참함을 알게 되고, 누구에 대한 어떤 종류의 믿음도 잃어버렸음을 뜻했다.

며칠이 지났다.
또 몇 주가 지났다.
그리고 그는 집을 잃은 개처럼 그 약혼녀의 울타리 옆에 계속 앉아있었다.
그는, 비가 온 뒤의 흙탕물에 자신의 모습을 비춰보는

것마저도 오래전에 포기했다. 그는 네안데르탈인의 모습과 비슷했다. 네안데르탈인에 대해 그 남자는 아무것도 모르고 있거나, 아니, 전혀 무지한 것은 아니었다: 언젠가 학교에서 그는 그런 원시 인류의 모습을 들었지만 이미 오래전에 잊어버렸다. 지금 그 스스로가 역사 교과서 페이지들에 나오는 그림과 비슷했고, 적어도 그도 마찬가지로 무섭게 보이며, 털북숭이 같았다. 그의 지금 이미 고수머리처럼 된 짙은 머리카락이 아주 지겨워지기 시작했다. 그 머리카락 안에는 벌써 공포의 무는 물체가 나타났고, 또 많아지기 시작했다. 《아마 이가 생겼구나》 그 남자는 생각했으나, 분명히 그 점을 알 수는 없었다. 왜냐하면, 그는 아직 제 눈으로 한 번도 그이를 본 적이 없었다. 그가 잠자기 위해 몸을 웅크리고 있을 때는 이미 자란 턱수염이 그의 목을 간지럽혔다.

그러나 그것은 강한 구두 발길질로 한 방 맞은 후유증에 비교하면, 가벼운 괴롭힘이었다. 들숨과 날숨을 쉴 때마다 그 남자는 가슴이 찌르는 듯 아팠고, 그는 잠을 자면서 조차도 그 아픈 가슴을 껴안고 있었다. 그나마 최근, 그 아픔이 좀 누그러진 것 같았다. 아니면, 그 부러진 갈비뼈가 함께 자랐고(만일 그것이 갈비뼈라면), 아니면 그가 간단히 이제 그 아픔에 익숙해졌다. 그의 살갗은 끊임없이 가려웠다. 그 남자는 이젠 몸도 바싹 말라, 그의 (그것은 분명했고, 그의 것이 아닌) 바지는, 마치 그게 줄에 매달린 것인 양 약한 바람에도 날렸다. 그는 적게 또 불규칙적으로 먹

는 데 익숙했다. 때때로 그 지역의 개들이 뭔가 영양
이 될 만한 것들을 가져 왔고, 더 자주는 사람들이 자
신들의 먹거리 중 남은 것이나, 신선하지 않은 음식을
던져 주었다.

 몇 번, 그 남자는 누군가의 화단에 몰래 들어가는 데
성공해, 그곳에서, 자신의 이미 길어진 손톱을 이용해,
채소 몇 점을 급히 서리할 수도 있었다.

 그는 자기 약혼녀가 사는 그 주거 구역인 거리를 따
라 배회하였으나, 이젠 그 빈도도 훨씬 줄었다. 더 자
주 그 남자는, 더럽혀진 몸에 배가 고픈 그 남자는 간
단히 그녀의 울타리 옆의 잔디밭에서 주저앉았다. 그
가 마지막으로 자기 약혼녀에게 말을 걸려고 시도한
뒤로, 그의 상상력과 비교해 그리 많은 시간이 지나지
않았다. 그는 또, 모든 것은, 그가 아직 네안데르탈인
이 되기 전의, 과거의 삶에 적어도 있었다고 상상했
다. 이제 그 남자는 왜 바로 그 여성을 전혀 낯설지
않고, 전혀 낯설지 않은 여성으로 생각하고 있는지도
잘 기억나지 않았지만, 여하튼 정말 그녀는 한때 그의
삶의 일부였다. 그런데 지금 그녀는 그 남자를 자기
거주지 도로의 다른 주민들과 아무리 해도 구분하지
못했다. 그리고 그가 눕는 장소로 선택한 곳도 아무
입증이 되지 않았다. 어느 때는 그녀가 자신의 인형
같은 작은 발로 그의 웅크린 몸 주위를 종종걸음으로
걸어가면서 그를 한번 가증스레 보자, 그의 두 눈에서
그녀가 그를 다시 알아보리라는 희망 비슷한 뭔가에
여전히 주목하게 되었다. 또 어느 때는, 그는 그녀가

그를 더 잘 탐색하여 관찰할 수 있도록 자기 얼굴을 들어보기조차 하고, 가만히 서 있어 보기조차 하였다. 그러나 그가 성공한 모든 것은 그녀 주방에 오래 남아 있던 오직 부패한 빵조각이었다. 그 빵은 딱딱해져, 지금 그가 있는 방향으로 날아와, 작은 돌이 때리는 것만큼 그를 아프게 했다.

그녀의 두 눈에는 주저함도, 얼굴 근육의 찡그림도, 몸짓도 없었다. 그녀가 그 남자를 적어도 그녀와 생물학적으로 가까운 종으로 여기려는 아무 표시도 없었다. '그런데 왜일까?' - 자주 그 남자는 자신에게 물어보았다. 우리에게는 정말 우리의 외양만 있는 것이 아니다. 사람들에게는 서로를, 눈을 감고도, 인식할 것을 허락해 주는 뭔가, 적어도 뭔가가 있어야 한다. 그리고 그때 그 남자는 자신이 이미 다른 사람임을, 또 자신이 다른 사람이 되기를 아주 많이 원했고, 매일 스스로 그것을 반복해 말해 왔었다는 것을 기억하고는 그만 공포에 질려 버렸다. 정말 그는 이제 더는 은행원이 아니라, 평범한 사람이다. 그는 새 삶을 원했으나, 한 번도 그 삶이 어떤 것이라야 하는지 생각해 본 적이 없었다. 따라서 지금 그는 그 새 삶에서, 기뻐해야만 한다.

날씨도 덥고 물도 더운 여름날엔, 그는 강에 가서 몸을 적시는 것을, 몸에 찌든 때를 어둡고 포근한 강물에 씻기를 자신에게 다짐했다. 그 남자는 강가에서 등을 위쪽으로 하고 엎드려, 솜털 같은 머리카락만 물속에 담근 채, 그렇게 그는 자신의 턱수염의 끝만 볼 수 있게 했다. 이젠 가슴은 거의 아프지 않고, 몸에 생긴 이도 전혀 방해하지 않았다. 그 순간이 그의 삶에 있어 가장 따뜻한 순간이었다. 이제야 그는 이해하기를, 사람은 자신의 과거의 삶을 기억하는 것뿐만 아니라 다른 작은 즐거운 일도 가질 수 있음을 이해했다. 그러나 그것들은 그의 개인의 즐거움이 아니라, 그가 간단히 들은 적이 있던 그런 즐거움일 뿐이었다. 그리고 그는 당구, 볼링과 친구들과의 저녁, 경마 경주에 대해서 들었다.

그리고 만일 그가 강가에서 밤에 여러 시간 누워 있는 사람에 대해 들었다면, 그는 그것이 유쾌하고 따뜻하며, 필요하기도 한 것임을 믿게 되었다.

강가에서 어느 날, 하루는 그는 온전한 셔츠를 하나 발견했다. 그 남자는 그걸 주워 입는 것이 의미가 있을지 주저했다. 왜냐하면, 그걸 자신이 입고 있으면 그 셔츠 주인이 와서 뺏어갈까 하는 걱정도 생겼다. 그러나 바람이 불었기에, 그 자신의 가냘프고 떨리는 몸은 얼른 그 셔츠 속으로 들어갔다. 바지에 대해선 그는 그런 행운을 갖지 못했다. 그래서 바지는, 이전 것으로, 자신의 두 다리 주변에서 두 개의 깃발처럼 계속 펄럭이고 있었다.

강은 그 남자가 좋아하는 장소가 되었지만, 아쉽게도 낮에는 그곳에 있을 수 없었다. 낮에 강가에서는 사람들이 그를 쫓아냈고, 폭탄을 안고 있는 가미카제식 테러리스트라도 된 것처럼 그를 내몰았다. 사람들은 그의 뼈만 앙상한, 죄 없는 신체의 소유자인 그 남자보다는 그들 자신이 노는 강물에 사는 물고기 피라냐를 더욱 반기는 것 같았다.

그래서 낮에는 그 남자는 자신을 웅크린 채, 늘 지내온 울타리에 기댄 채 시간을 보냈다. 그곳 행인들은 오래전부터 그의 존재에 대해 더는 반대하지 않고, 간단히 그를 주목하지도 않았다. 한편 그 남자의 가슴이 몇 번 더욱 날카롭게 저렸고, 그의 살갗이 간지러웠다. 그의 배는 움푹 들어갔고, 그의 신체는 이상한 오목한 모양을 만들고 있었다. 왜 그는 이 모든 것을 그대로 내버려 두는가? 한때, 그 남자는 자기 삶에서 이 모든 변화가 어떻게 일어났는지 잊을 정도였고, 그때 그에겐 자신이 여기, 이 똑같은 울타리에서 바로 이렇게 태어났고, 평생을 이렇게 불쌍하게 살아가고 있는 것 같았다. 그러나 그 남자가 자신의 기억 속에 이 모든 것을 하나둘 들춰 보기 시작했을 때, 그는 자신을 이해했다. 모두가 똑같아 그는 다른 방식으로는 어찌할 수 없음을 이해했다. 만일 그가 그 은행일이 가져온 결과들을 알았다 해도, 그는 은행에 남아 있을 수도 없었을 것이다. 그때는 지금의 빵 한 조각과 따뜻한 의복보다는 자유가 더 그리웠다. 그리고 지금의 아무것도 그를 이전 상태로 돌아가게 할 수도 없다. 이 벌거벗은 땅에서는 이렇게 살아가는 편이 더 낫다. 적어도 그때 이 땅이 있었지만, 이 땅이 벌거벗은 상태였고, 아스팔트로 덮여 있지 않음을 당신은 알 수 있다. 그리고 여러분은 예를 들어, 미하일이라는 이름을 가졌거나 바실이라는 이름을 가졌거나, 수백 명의 여느 은행원처럼, 그런 은행원이 아닐 수도 있다.

한편, 그 사이에도, 자신의 수많은 재앙 속에서도 그 남자는 자신의 이름을 기억해 낼 수 없었다. 비록 그것이 그만큼 중요하고, 적어도 어느 때는 중요했는데. 그는 그 이름을 기억해 내야 한다. 왜냐하면, 그렇지 않으면 그 전체 생각, 그의 삶을 관통해 온 회오리바람은 전혀 무의미해지기 때문일 것이다. 그래서 그 남자는 이름-부성(아버지성)을 하나씩 적용해 보고, 나중에 주변에서 한번 들었던 무슨 가족명을 나중에 적용해 보기 시작했다. 그는 그것들을 다시, 또다시 시도해 보았으나, 모두 실패했다. 그 남자는 큰 소리로 말해 보기조차 했다. 그러나 그곳에서 그는 분명히 자신을 알았거나, 알고 있는 사람의 도움이 분명히 필요했다. 그 점에 대한 생각은 그 남자 자신에게 거의 울음을 터뜨릴 만큼 웃기는 일, 웃기는 일인 것 같다. 그래서 그는 자신을 위해 새 이름을 선택하기로 확고히 결심했다. 아마 이전보다는 더욱 좋은 이름을 갖고, 새로운 완전히 가치 있는 삶을 시작할 결심을 했다. 그리고 그 남자는 자신의 이름을 페-트-로라고 정하고는, 정말 뭔가를 했다. 그런데, 뭔가 그 페트로라는 이름은 아무 변화를 가져다주지 못했다. 환경이 바뀌지 않았고, 가슴 통증도 바뀌지 않았고, 습관이 된 매일의 배고픔도 바뀌지 않았다. 분명히, 페트로라는 그 남자는 지금 자신을 더욱 많이 분명히 느껴졌다. 그는 등을 곧추세워보려고도 했고, 그렇게 많이 등이 굽히지 않도록 노력했다. 정말 그는 자신의 흉부를 가능한 가장 잘 고정하고, 숨을 더 쉽게 쉬기 위해 자신의 양팔로 자신을 앞쪽에서 여러 차례 안아 보았다. 때로, 그는 여러 번 자신의 무릎을 세게 껴안고, 작은 조개처럼 모든 것을 닫은 채 그렇게 앉기도 했다. 계속 구부정한 자세를 유지했기에 그의 등은 이제 펴지지 않았고, 지금 그 등을 바로 세우기도 쉽지 않았다. 그러나 그 남자는 자신의 온 힘을 다해 애를 썼다.

그런데 더구나 날씨가 더욱 차가워지고, 늦은 가을이 다가왔다.

지금은 따뜻한 강물에 만족해 누워 있을 수도 없고, 채소밭에서 먹거리를 얻기도 어려웠다. 지금의 그의 모든 생각은 어떻게 하면 몸을 덥히고, 간단히 생존할 것인지, 얼어서 돌이 된 것 같은 자신의 몸으로는 어느 날 아침에 자신을 찾지 못할 건만 같은, 더는 일어설 수도 없을 것만 같은 그 지점에 가 있었다. 그 상황은 위험한 방향으로 바꾸어 놓았다. 그 남자는 지금 자신의 가련한 삶이라도 지속하려면, 자신이 가진 마지막 힘까지 긴장해야 함을 알게 되었다. 그리고 그는, 지금 이렇게 느끼듯이, 살아남기를 너무나도 원하고 있었다. 지금 그는 더욱 움직여 보려고 시도했다. 비록 그것이 정상을 벗어난 아픔을 가져온다 해도. 그 남자는 밤마다 한곳에 오래 있음을 걱정하면서, 첫 추위가 오게 되면 추위로 죽지 아니하려고 이 도로 저 도로로 배회했다.

그리고 그 첫 추위가 곧 닥칠 것이다.

그는 뭔가를 하거나, 아니면 죽음을 받아들여야 했

다. 그 남자는 자기 이름에 대해 생각하는 것을 오래 전부터 잊고, 더욱 지금은 그 생각도 불합리한 듯이 보였다. 운명은 스스로 그렇게 우선권들을 흩어 놓았다. 그것이 우리를 비웃기라도 하듯이. 그래서 지금도 운명은 그에 대해 마치 이런 말을 하듯 심하게 비웃고 있었다: «이 사람아, 삶에 비교한다면 이름이 대체 뭔가?» 그리고 그 남자는 더욱 자신의 몸을 웅크리고는, 여전히 매 맞은 개가 주인을 바라보듯이 자신의 운명을 그렇게 보고 있었다. 그리고 아마 정말로 사람들은 자신의 길을 스스로 선택할 수 없고, 그가 한 번도 되어 보지 못한 그런 사람이 될 수 없었다. 아마, 여러분은 여러분에게 준비된 그 삶을 살아야만 한다. 비록 그것이 전혀 한 번도 생각해 보지 않고, 당신에게 물어보지도 않았던, 그런 누군가가 완전히 우연히 준비해 놓았다 하더라도. 그런데 누군가 아이에게, 그 아이에게 태어날 때 이름을 지어주면서 물어본다면? 그 아이는, 자신이 커가면서, 만일 아직도 뭔가를 바꿀 결정적 순간에도, 자기 이름에 대해 간단히 말할 수 없다면, 자신의 맞지 않은 이름에 대하여 불평할 권리가 있는가?

그 남자에게 첫 추위가 온 것과 동시에 첫 무기력감이 찾아 왔다.

그는, 누군가의 이빨 많은 큰 입에서 빠져버린 이빨처럼, 자신의 존재감에서 매일 매일을 찢어버릴 만큼 무기력해졌다.

그 남자는 서리 덮인 벤치에 앉았고, 무기력은 그가

추위에 동상 걸린 손가락과 발가락을 문지를 힘조차 남지 않을 정도로 밀려와 있었다. 그리고 그는 자신의 손발 일부가 여전히 까맣게 되지나 않았는지 그것만 겨우 살펴볼 뿐이었다. 왜냐하면, 정말 그렇다면, 그때 그곳으로, 그 뒤편에 놓인 은행 건물로 되돌아 가 보는 것이 아무 의미가 없을 것이다. 그 남자는 누군가의 계단에서 훔친 담요를, 마치 그의 등 뒤에서 그를 기다리는 뭔가로부터 자신을 숨기려는 듯이, 언제나 더욱 자신의 머리 위로 더욱 당겼나.

눈은 방금 불어 닥친 강한 바람에 날려 사방으로 흩뿌려졌다. 눈송이들은 난폭하게 휘젓고, 그 남자의 턱수염, 속눈썹, 머리카락 위에만 멈추어 섰다. 그러고는 그의 속눈썹에 달라붙고, 무릎 위에 쌓였다.

사람들이 총총걸음으로 지나가더니, 나중에 각자 자신의 집으로, 또는 버스들이 있는 곳으로 서둘러 사라졌다. 잠시 뒤, 마지막 행인도 사라지고, 집 없는 개들의 발자국도 멀어져 갔다.

지평선은 조금씩 불명확해지고, 나중에 온전히 사라졌다. 그리고 그것이 여기인 듯, 마치 자신의 코앞에 있는 듯, 그 남자의 두 눈을 가리는 하얀 눈 뒤로 보일락 말락 했다.

그러나 그 점은 눈보라 때문이 아니었다. 아마 그가 이제 간단히 이 세상의 끄트머리에 앉아있는 듯했다. 그래, 만일 그가 한 걸음을 내디디면, 그는 저 지평선을 넘게 되리라. 그리고 뒤에는 그 지평선이 남고, 앞에서는 그 선을 넘은 뭔가만 남게 될 것이다. 아무도 본 적이 없는 그런 뭔가가 남을 것이다.

그 남자가 천천히 자신의 고개를 돌려보니, 눈은 저 높은 검은 눈구름에서 아래로, 이곳으로 뿌리고 있었다. 그 뒤로는 벤치 뒤편이 있고, 그 뒤에는 끼-익-소리를 내는 나무들이 열 지어 서 있고, 그 나무들 뒤로는…

그 나무들 뒤로는 모든 혼돈은 끝났다. 나무들 뒤로 바람은 고요해지고, 눈송이들은 이젠 사방으로 흩날리지도 않고, 나무에서 떨어지는 가을 낙엽처럼, 땅으로 힘없이 내리고 있었다.

그 뒤로 은행 건물이 보였다.

겨울이란 흔적이 전혀 없는 회색 건물.

땅 위의 흙으로 지어진 회색 건물, 이 땅과 함께, 또는 이 땅보다 먼저 생긴 것 같은 회색 건물.

넓은 세상 한가운데의 회색 섬.

이제 그 남자는 그 건물을 두려워하지 않고, 눈을 크게 뜨고 곧장 바로 바라보았다.

그리고 그 남자의 두 눈이 그 회색 건물에 익숙해질수록, 그는 더욱 분명하게 이제 어디로도 자신은 탈출할 수도 없고, 어디로도 숨을 곳이 없음을 이해했다. 그리고 아무리 해도 자신은 저 사방의 벽에서 탈출하거나 숨을 수도 없을 것이다. 그는 이젠 절대로 음악가는 될 수 없으리라. 그의 손가락들은 건반 위에서 달릴 수는 있지만, 피아노 건반 위는 아닐 것이다. 자신의 두 손을 담요에서 꺼낸 그 남자는 지금 자신의 우아했던 손가락들이 이젠 그리 우아하게 보이지 않고, 아주 정반대로 -시커멓고 짧아 보였다.

바로 그때, 은행에 볼일을 보러 은행 건물로 서둘러 가던 행인 하나가 그 남자가 있는 벤치 앞에 섰다. 그가 다가오더니, 그 남자의 눈이 쌓인 담요를 펴주었다. 짙은 수염의 그 남자, 그 생기 없고 지저분한 그 남자 얼굴이 그 행인에겐 낯이 익었다.

분명히 그는 서로의 공통의 일로는 아니지만, 아는 사람임은 분간할 수 있었다. 그 행인은 자신의 동료 중에는 이 세상에서 뭔가로 인해 그런 넝마수이가 될 사람은 없음을 확신해도, 그 남자의 행색으로 보아, 그 일꾼은 누군가와 좀 비슷했다. 이는 여러분이 여러분 친구의 형이나 누이를 처음 보게 될 때, 여러분은 뭔가 흐릿하게 분명한 공통점을 발견했을 때의 느낌과 같다고 할 수 있다. 둥글고 창백한 얼굴 -어디선가 그는 그 얼굴을 본 적이 있었다. 그러나, 아니다. 적황색 머리카락은 아니다. 그는 적황색 머리카락을 가진 사람 중에 개인적으로 아는 이가 없다. 그 행인은 다시 그 담요를 여며주고는, 벤치에서 얼어 죽어가는, 집을 잃은 그 남자를 관련 보호소에 알려 줄 생각을 내심하고는, 자신의 길을 계속 가 버렸다.

그 벤치에 있던 남자를 둘째로 알아차린 행인이 있었는데, 그 행인은 자신의 업무에 이미 늦었다.

그는 그 불쌍한 사람을 보러 더 가까이 다가가야 할지 말아야 할지 몇 초 동안 멈칫하며 섰더니, 이 낮에 추위에 떨며 죽도록 내버려 두는 게, 그게 너무 심한 것 같다는 생각이 들었다.

그는, 첫 행인과 마찬가지로, 싫은 마음으로 세 손가락을 이용해 담요를 잡고는 담요를 들춰 보았다. 벤치에 있던 그 남자는 절망적인 모습이고, 뭔가 도둑맞고 뭔가에 얻어맞은 것 같았다. 그러나, 둘째 행인은 벤치에 있던 사람을 알아보았다.

둥근 얼굴, 똑바른 코, 검정 머리 -틀림없는 그 행인이 아는, 그의 모습이었다.

"바실 페트로비치?! 정말 당신이지요?!"

그 행인은 그렇게 외치고는, 그 갑작스러움에 그 눈 덮인 벤치로 가서 앉았다. 벌써 1분 뒤, 그는 귀중한 종이 서류가 든 자신의 손가방을 그 의식을 잃은 남자인 은행원 곁에 내버려 두고, 서둘러 자신의 은행 건물로 달려갔다.

만일 그 쓰러진 은행원이, 다행히도, 자기 이름을 결국 한 번이라도 듣고, 그 이름을 마침내 기억할 수 있었으면... 그 은행원이 그럴 수 있었으면. (*)

La bankoficisto

Kiam la bankoficisto estis eniranta la bankon, li neniam skrapis per la piedoj, li sciis, ke tio karakterizus lin kiel malbonan oficiston. Li sciis, ke lia devo estas ne nur labori, sed ankaŭ konvene konduti kaj aspekti. Do li ĉiam respondece traktis la elekton de sia piedvesto. Ĝi devis esti vasta, sed ne defali, esti nova, sed ne de la plej moda modelo. Li ne devis snufi, brufermi la pordon, lasi grasajn makulojn sur la vitro de la kasgiĉetoj.

Kiam la bankoficisto eniris la bankon, trapasis per neaŭdeblaj paŝoj la ĉefan halon de la konstruaĵo kaj eniris sian oficĉambron, restis ankoraŭ dek minutoj ĝis la komenco de la labortago. Liaj ritmaj movoj, senhasta irado – ĉio atestis, ke liaj aferoj sekvas planon. Kvankam estis dubinde, ke li planis tiun sinsekvon de agoj. Proksimume antaŭ deko da jaroj li faris tion unuafoje: ellitiĝo je certa horo, matenmanĝo, itinero numero···, vojo, labortablo. Post tiom da jaroj ĉio ĉi en tiu sinsekvo gravuriĝis tiom klare en lia kapo, ke ĝi simple ne estis plu rimarkata, ĝi iĝis lia propra nekondiĉita reflekso. Kaj, kiel ajn stranga tio ŝajnus, nenio eĉ unufoje rompis tiun ĉenon.

Do nun la bankoficisto estis fidela al siaj kutimoj: li translokis aktujojn, pririgardis paperojn, kunmetis skribilojn en specialan skribilujon. Li estis nealta brunulo kaj havis agrablan aspekton... Tia agrablo, kiu havas la sekvon neniam resti en la memoro de kliento kaj kunflui kun la ceteraj laborantoj de la oficejo en unu glate razitan vizaĝon. Helpis la fakto, ke la homoj, kiuj vizitis la bankon, alparolis ĉiujn oficistojn neniel alie ol per "Sinjoro bankoficisto". Do, poste la bankestraro rezignis la nomŝildetojn kiel nenecesaĵojn, distingante nun siajn oficistojn nur laŭ la tablonumero.

Jen tiel la bankoficisto iĝis la bankoficisto numero tiu kaj tiu. Li tute ne estis ofendita. Kutime oficistoj de tia institucio ne kutimas ofendiĝi kontraŭ la estraro, precipe kiam temas pri la bonstato de klientoj, kaj en ĉi tiu kazo – ilia komforto. Kaj ĉio estus bona, se ne okazus unu evento, kiu rompis la kutiman rutinon de la bankoficisto. Ne, tio okazis ne tuj post la supre menciitaj ŝanĝoj, sed sufiĉe poste. Eble la afero konsistas ĝuste en tio, ke la bankoficisto dum longa tempo ne aŭdis sian nomon. Vi povas diri, ke tio estas stranga por socie aktiva persono, persono, kiu okupas gravan postenon, kiu senhalte respondas centojn da demandoj dum dek horoj tage. Sed, kiel ajn necesa estis por homoj la helpo de la bankoficisto, ilin neniam interesis lia nomo. Por ili sufiĉis la numero sur lia skribtablo. Estas interese, se en la nomon estas enmetita la naturo de la homo, la posedanto de la nomo, ĉu ankaŭ la numero povas rakonti ion pri tiu, kiun ĝi markas?

Tiun matenon la bankoficisto ellitiĝis pli frue je duonhoro. Li havis antaŭ la laboro ankoraŭ unu gravan mision − aĉeti invitilojn al bonfara balo. Fakte, la viro interesiĝis nek pri bonfarado, nek pri baloj, sed tio tute ne gravis, ĉar pri bonfarado kaj baloj interesiĝis lia fianĉino. Bonŝance, la institucio, kie la bankoficisto devis aĉeti la invitilojn, estis proksime, do, laŭ liaj kalkuloj, dudek minutoj plene sufiĉis por fari ĉion necesan kaj reveni al sia bushaltejo. Krome, por tiu aĉeto estis donita maksimumo de tri minutoj. Do la viro rapide supreniris la spiralan ŝtuparon de malnova pola domo kaj senhezite premis la manilon de la pordo.

Alta, duonmalplena ĉambro kun kelkaj oficistinoj en la anguloj lin tute ne impresis, mirigi povis eble nur altegaj stakoj da papero kaj aktujoj, ankaŭ plenŝtopitaj per iuj dokumentoj. Sed la bankoficisto ne estis fremdulo; li estis kutimiĝinta al tia vidaĵo. Kaj dum tiu loketo faris nenian impreson al li, li, male, faris al ĝi plej bonan. La virinetoj en siaj anguloj ekvigliĝis kaj scivoleme okulsekvis lin de la pordo al la plej granda tablo, kiun li elektis eble instinkte pro ĝia grandeco. La oficistinoj, kiuj havis rektan eblon observi la vizitanton, lasis sian dokumentaron kaj okupiĝis pri la observado. Kai tiuj, kiuj estis malantaŭ barikadoj da aktujoj, etendis sian kolon, pretaj ĉiumomente rekaŝi sin en sia kaŝejo. Verŝajne aĉetantoj kutime aperis ĉi tie neofte. Aŭ la balo estis ne tre reklamita, aŭ homoj ne estas tre aktivaj... Kaj se la oficistinoj malofte vidis iun ĉi tie, do tiajn, kiel li ⁻ bele vestitajn kaj kombitajn ⁻, des malpli. La mastrino de la tablo elektita de li afable ridetis.

⁻ Bonvolu doni al mi du invitilojn al la bonfara balo hodiaŭ vespere, ⁻ diris la bankoficisto kaj jam metis la necesan sumon sur la tablon, montrante per sia tuta aspekto, ke li hastas kaj tute ne intencas komunikiĝi kun iu ajn.

Sed la virino verŝajne ne distingiĝis per sagaceco. Ŝi prenis skribilon kaj komencis per ĝi skribi. Komence ŝi spirblovis sur ĝin, eĉ lekis ĝin unufoje, kaj post tio grimacis kaj ne plu faris tiel. Tiuj proceduroj ne malhelpis ŝin komenci interparolon, kiu pro la spirblovado sur la skribilon post ĉiuj du vortoj ŝajnis tute ne formala; tio konfuzis la bankoficiston.

— Se ie sur la strato... mi ekvidus tian belan sinjoron, kiel vi··· mi tuj... ekpensus... ke li okupiĝas... pri bonfarado.

Al la bankoficisto ĉio ĉi komencis malplaĉi; li komprenis, ke pasis pli ol tri minutoj. Li jam malfermis la buŝon por konsili al la virineto preni alian skribilon, sed nur nun li rimarkis, ke nek sur la tablo, nek ĉe la tablo estis iuj skriboj, krajonoj aŭ feltkrajonoj. Eĉ plie, ĉiu el la oficistinoj havis nur unu skribilon. Li ne atentus tion, se ne estus stakoj da papero, plenskribita permane, ĉiuflanke. Tiuj konsideroj kaj observoj prenis de la viro ankoraŭ ĉirkaŭ tridek sekundojn. Li jam firme decidis ĉesigi tiun sensencan babiladon, por ne malfruiĝi pro tio al la buso, tio ja ne povis okazi, ĉar simple ne povis okazi Li jam antaŭe ne reagis al la favoraj ridetoj de la oficistinoj, kaj nun estis tute preta montri sin malĝentila, kvankam tio ne estis konforma al lia karaktero.

- Vi verŝajne iros kun la edzino. Pardonu mian sentaktecon, vi povas ne respondi, simple··· Mi nur volis diri, ankaŭ mi jam havis bonŝancon viziti tian balon, kiel tiu ĉi, kaj scias ĝuste, ke ĉe la respektindaj homoj, kiuj tie aperas, ne estas kutime iri unuope. Ho, ankaŭ mi havis bonŝancon trafi al libera bufedo, vi konas tiajn svedajn tablojn... - ŝi provis pruvi kompetencon en tiu sfero kaj samtempe intereson pri la persono staranta vidalvide al ŝi.

Ŝi gestis vigle, tenante en unu mano jam sendifektan skribilon, kaj pri io demandis la bankoficiston, sed ne ricevinte la atendatan respondon, plu parolis. Nun li perdis la paciencon, kaj pli laŭte ol li mem supozis, interrompis ŝian monologon. Aŭ kunhelpis la akustiko de la ĉambro, aŭ la bankoficisto estis tro kolera, sed la repliko estis tre laŭta kaj konvinka.

- Pardonu, sed mi ŝatus preni miajn invitilojn!

En la anguloj tuj aŭdiĝis susuro. La virinetoj

denove eklaboris. Nun neniu rigardis la centron de la ĉambro. La interparolantino eksilentis, tusetis kaj etendis la manon al la invitiloj. Laŭ sia naturo ŝi certe ne estis ofendiĝema homo, do jam post sekundo, kvankam senvorte, ŝi denove ridetis al li. La bankoficisto etendis jam la manon preta eĉ elŝiri tiujn malbenitajn invitilojn el ŝiaj pufaj fingroj... Kaj nun komenciĝis ĉiuj liaj plagoj, pli ĝuste unu, sed PLAGO. La virineto faris elokventan geston, per kiu ŝi petis lin atendi.

– Bonvolu diri vian nomon. Mi devas skribi ĝin en la invitilojn kaj poste registri, – ŝi ne deturnis la rigardon de la kolora paperpeceto sur la tablo, preta tuj noti, kio al ŝi estos dirita.

La bankoficisto volis ekkrii sian nomon, kapti la invitilojn kaj nepre aldoni al la virineto ĉion, kion li opinias pri ŝi. Ion pri neplenumo de rektaj devoj, vulgara konduto kaj reteno de klientoj, kiuj tre rapidas al laboro. Tamen ĝis nun el lia buŝo eliĝis neniu vorto.

Li ne povis komenci sian eldiron, ĉar por tio li devis komence ekkrii sian nomon. La bankoficisto kelkfoje malfermis sian buŝon kaj al li ŝajnis, ke ĉio tuj okazos, ke eble ekfunkcios la subkonscio, se la konscio estas senforta, kaj la lipoj reflekse komencos moviĝi, kreante la necesajn sonojn. Io konstante estis sur la langopinto, la fingroj nervoze frotis kontraŭ la fingroj, la polmoj ŝvitis, la koro ekbatis. La bankoficisto ekrigardis jen unu, jen alian oficistinon, kvazaŭ serĉante helpon. Li apenaŭ retenis sin por ne demandi, ĉu ili konas lin.

Tiumomente la virino levis la okulojn al li kaj jam ne deturnis ilin. La viro rimarkis, ke super la stakoj da papero vidiĝas ankaŭ la kapoj de la ceteraj oficistinoj. Ili suspektinde interrigardis kaj evidente ion de li atendis. Lia konscio luktis dum kelkaj sekundoj kontraŭ tiu suspekto, sed poste kapitulacis, kaj la bankoficisto konfesis, ke li forgesis sian nomon. Sed konfesis mense. Kaj kion li faru nun? Ĉu li diru al tiuj klaĉulinoj, ke li, bankoficisto, ne konas sian nomon, por ke ili havu ion por priridi kaj rakonti al siaj kompatindaj klientoj?

Subite ekbrilis sava ideo. La viro kaptis sian sakon kaj komencis haste palpi ĝin. Sed kiam tio ne donis la deziritan rezulton, li metis la sakon sur la tablon kaj enprofundigis tien la manojn. "La identigilo – li pensis, – la identigilo. Ĝuste ĝin mi bezonas". Ĉio ĉi aspektis nekutime, eĉ strange. Respektinda, ĝis nun absolute trankvila viro subite komencas malkvietiĝi kaj, kiel frenezulo, renversas sian sakon, ĉar li estas petita diri sian propran nomon.

– Mi komprenas, ke eble vi ŝatus teni tiun informon sekreta, sed mi ne povas tion permesi. Tia ja estas mia laboro. Kaj kiaj estas tie ĉi sekretoj? Tio estas ja nur nomo, mi vin certigas... – ŝi volis aldoni ankoraŭ ion, sed nevole ekridis. Ankaŭ en la anguloj aŭdiĝis mallaŭta subrido.

Tio estis la lasta guto. Ankaŭ la bankoficisto, kiu ĝis nun ne regis sin perfekte, iĝis tro nervoza. Neniu legitimilo, neniu dokumento, kiu konfirmus lian identecon, estis en la sako. Li tute ne sciis, kiom da tempo pasis, de kiam li eniris tiun malbenindan oficejon. Al li ŝajnis, ke ĉiuj konspiras kontraŭ li, kaŝaranĝas ĉion tiel por fiaskigi liajn planojn. Li kaptis sian sakon, forpuŝinte de sur la tablo grandegan stakon da paperoj, kaj, ne retrorigardante, kuris al la elirejo. Sur la tablo restis do ne aĉetitaj kaj jam de neniu bezonataj invitiloj, kaj ĉe la tablo

- la virineto kun la okuloj rondiĝintaj pro miro.

Post momento la bankoficisto sukcese trapasis la spiralan ŝtuparon kaj elsaltis sur la straton. Sub la suno li sentis sin pli bone; li direktis sin al sia haltejo. La viro decidis, ke tiu, laŭ lia opinio portempa, memortruo estis kaŭzita de tro frua ellitiĝo. "Ne, tio tute ne taŭgas - rompi mian kutiman ordon pro iuj invitiloj," - pensis la bankoficisto. Iru por preni la invitilojn tiu, kiu havas sufiĉe da tempo kaj deziron fari tion, sed li ne plu konsentos pri tio. Tro okupita li ja estas, kaj krome lia sano lastatempe malfidindas.

Tiel la bankoficisto senhaste proksimiĝis al la haltejo kaj subite rimarkis, ke lia buso estas forveturanta. Se li do maltrafis ĉi tiun, la sekva estos nur post dek minutoj. Kaj ĝenerale, kioma horo estas? Kvankam la bankoficisto jam estis kuranta al la haltejo, kaj la manoj tremis pro subita paniko, kiu ĉiam pli kaptis lin, li tamen ekvidis je sia horloĝo, ke jam estas neallaseble malfrue. Atendi nun en la bushaltejo, neniu scias kiom longe, la bankoficisto krome ne povis al si permesi, do, kiam taksio haltis apude, li ne longe pensis.

Jam ene, falinte sur la antaŭan sidlokon, plene anhelanta kaj ekscitiĝinta, la viro apenaŭ povis diri la adreson de sia banko, kaj poste ankoraŭ daŭre spiregis kaj tusis. La tuta vojo al la celloko iĝis por li vera torturo. Li jam imagis, kiel li eniros la bankon kaj ĉiuj gapos al li, kiel post fino de la labortago la ĉefo petos lin eniri lian oficejon kaj kiom seniluziigita la ĉefo estos pri li. Al la bankoficisto ŝajnis, ke ili tro longe staras ĉe trafiklumoj, ke la ŝoforo elektis ne la plej mallongan vojon, kaj fine postulis tro grandan sumon por siaj servoj, faritaj ne en la plej bona maniero.

La bankoficisto staris ĉe la altega pordo de la banko kaj provis ekregi sin. Tio ne estis facila afero, ĉar la kialo estis tre serioza. Unuafoje en sia vivo malfruiĝi al la laboro! Kion li diros, kiam oni demandos lin, kio okazis? Ĉu li rakontos, kiel ĉio okazis? Stop, kaj kiel tio okazis? Al li tuj revenis tio, kion li neniel povis venki, kaj li nun ne havis tempon. Li nepre pensos pri tio poste, kiam ĉio ordiĝos.

La viro profunde enspiris, provis malstreĉi la muskolojn de la vizaĝo por doni al ĝi kiel eble plej indiferentan mienon, kaj transpaŝis la sojlon. La kutimaj freŝeco kaj malhelaj muroj efikis sur lin trankvilige. Nur antaŭ la okuloj, alkutimiĝintaj al la brila lumo de la stratoj, kuradis oranĝkoloraj makuloj. La bankoficisto aplombe faris kelkajn paŝojn kaj nekredeble ĝojis, ke neniu turnis sian atenton al li. Eble nun li kviete eniros sian oficĉambron kaj ne devos senkulpigi sin antaŭ iu, kaj plej grave – adiaŭi sian bonan reputacion. Jen tiel pensante, la bankoficisto forgesis pri la malgranda ŝtupo, speco de maldikega sojlo disiganta la koridoron de la ĉefa halo de la banko. Multaj klientoj plendis pri tiu malbona ŝerco de la konstruistoj, ĉar pordo forestis, troviĝis nur vasta arko, sed sojlo estis. Sufiĉe ofte ankaŭ la oficistoj mem diris koleran vorteton, stumblinte sur ĝi. Verdire, al la bankoficisto tio neniam okazis. Sed hodiaŭ ĉio estis unuafoje.

La bankoficisto eĉ ne sukcesis ekkonscii, kiam li brue falis. La ĉefa fonto de la bruo estis lia sako. Rapidante al la laboro, li forgesis fermi ĝin, kaj nun, kiam li falis, elŝutiĝis preskaŭ la tuta enhavo. Evidentiĝis, ke tie estas multaj diversaj plastaj kaj metalaj bagatelaĵoj. Skribiloj, liniilo, ujo por okulvitroj, la okulvitroj mem, fasko da ŝlosiloj, spirfreŝigilo, kombilo, proksimume deko da moneroj, telefono. La bankoficisto kuŝis surventre inter ĉio ĉi kaj pensis, ke pli malbone jam ne povas esti. Sed li eraris. Kiam li suprenrigardis, li ekvidis super si la dikan figuron de la ĉefo, kiu ŝirmis la solan fonton de lumo en tiu duonmalluma halo. Do nun la bankoficisto ne povis vidi lian mienon. Kaj tio estis bona, la ĉefo havis malbonan humoron. Sed, ĉar tiun bildon observis kelkaj dekoj da personoj, la ĉefo ŝajne decidis montri sin kiel modelo de profesia etiko kaj sinretene, sed ne senstreĉe, diris:

- Bonvolu viziti min post la fino de la labortago.

La bankoficisto momente tiom ekkompatis sin, ke li pretis ekplori. Li re- kaj redemandis sin, kial la sorto tiel kruele ŝercas, pro kio li meritis tian punon? Kaŭre li kunmetis sian tutan senvaloraĵaron en la sakon, sed li plu viziis la figuron de la ĉefo, kiu observas ĉiun lian movon. La bankoficisto eĉ timis levi la kapon por ne subite ekvidi lian koleran vizaĝon. Sed li koncentris siajn fortojn kaj iris tra la tuta halo al sia oficĉambro. Kaj kvankam li decidis neniun rigardi kaj nenion atenti, tamen per sia flanka vidsento li kaptis la konsternitajn rigardojn de oficistoj, kiuj rigidiĝis sur siaj laborlokoj, kaj ridetojn de nekonatoj.

"Nu jes — li trankviligis sin — malfruiĝo al la laboro, disciplinrompo — tio estas tre grava kaj nerespondeca, sed ne mortiga, ne mortiga".

"Mortiga", — pensis la bankoficisto jam post sekundo, kiam li turnis sin en la malgrandan koridoron kaj ekvidis homojn amasiĝantajn ĉe ambaŭ flankoj de lia pordo. Ekvidinte, ke li iras al la oficĉambro, ili ektumultis, komencis rememori, kiu venis post kiu kaj kiu tenis lokon por kiu, sed klariginte, ke iliaj memoroj diametre malsamas, komencis atakon. La bankoficisto devis peni por trapuŝi sin enen, kaj eĉ pli peni por fermi la pordon post si.

La bruo trans la pordo ne ĉesis, sed la bankoficisto, kiom ajn stranga tio ŝajnis al li, ne emis paroli kun iu ajn. La kapo terure doloris, la humoro estis aĉega, krome li rimarkis sur sia tablo neimageblan malordon. Verŝajne, iu matene serĉesploris liajn aĵojn. Hieraŭ la bankoficisto kunmetis ĉion bonorde sur ĝustajn lokojn kaj tiujn lokojn li konis kun certeco. Li klare memoris, kiel li ordigis aktujojn, kunmetis vizitkartojn en la kartujon kaj eĉ pintigis krajonojn. Nun lia tablo estis kvazaŭ trafita de tajfuno. Kia malrespekto al li, al valora oficisto!

Ankoraŭ hieraŭ li senhezite irus rekte al la ĉefo, sed hodiaŭ... Pro la antaŭnelongaj cirkonstancoj li eĉ ne moviĝis de la loko. La situacio ĉiam pli kaj pli subpremis kaj promesis neniun bonan rezulton. Eble li demandu, kio okazis, ĉe iu el la kunlaborantoj, kies tabloj staris laŭlonge de la muro de la sama oficejo? Sed vidinte, ke ĉiu estas okupita pri iu sia afero kaj eĉ ne atentas lian alvenon, li ŝanĝis sian opinion. Neniu ĝis nun klopodis aliri lin kaj rakonti, kio ĉi tie okazis, kiu do faris malordon sur lia labortablo. Tio estas ja ilia devo, ili estas ja liaj amikoj, li dum tiom da jaroj ŝvitas kun ili en la sama ĉambreto.

Ĉe la vorto "amikoj" la bankoficisto penis rememori kiel eble plej multe da informoj pri ĉiu oficisto, sed evidentiĝis, ke ĉiuj scioj limiĝas je familia stato kaj posteno en la banko. Kaj vere, kiuj estas tiuj homoj, kiuj ĉirkaŭas lin? Li tute ne sciis, pri kio ili okupiĝas post la laboro, kiujn ŝatokupojn ili havas, kien ili ŝatas iri por ripozo, ĉu ili loĝas kun siaj gepatroj aŭ solaj, kaj ĝenerale, kie ili loĝas. Nun iuj el la kunlaborantoj ŝajnis al la bankoficisto suspektindaj. Antaŭe li neniam dubis pri ilia profesieco, sed nun, fiksrigardante ĉiun aparte, li rimarkis, ke ne ĉiuj ja estas okupitaj, almenaŭ pri tio, pri kio ili devus. Viro ĉe la apuda tablo ŝajnigis, ke li rigardas grafikaĵojn dismetitajn antaŭ li, sed li fakte rigardis sub la tablon, kie li estis skribanta telefonan mesaĝon. Du aliaj oficistoj agis tute senhonte, ili forlasis sian laboron kaj flustris pri io, iufoje apenaŭ aŭdeble hihiante, videble kontentaj pri la temo de la konversacio. Unu alia en la malproksima angulo rigardis la ekranon per vaka rigardo, manĝante kun apetito grandegan sandviĉon, kvankam la tagmanĝa paŭzo estis ankoraŭ malproksima. La bankoficisto eĉ pensis, ke tio estas neimagebla aroganteco iliaflanke: anstataŭ perdi la tempon por diversaj sensencaĵoj, ili povus akcepti homojn, kiuj atendas lin, povus helpi lin kaj ne kaŭzi tian malordon en la koridoro. Li ne komprenis, kiel la ĉefo povas ignori tian arogantecon, sed lin, meritplenan, dum jaroj elprovitan oficiston, mallaŭdi pro unu malfruiĝo. Tio ŝajnis al la bankoficisto maljusta. Nun li ne nur sentis sin senkulpa — ĉio ĉi komencis indignigi lin. Kial la ĉefo tuj atakis lin sen demandi anticipe, kio okazis? Kaj se li, la bankoficisto, estus trafinta matene en teruran trafikakcidenton kaj preskaŭ pereinta? Aŭ se iu el liaj parencoj estus morte malsana kaj bezonus helpon? Sed la viro ne sukcesis fini sian kompatindan asocion de ideoj, kiam en la oficĉambron, ne atendante alvokon, eniris la unua kliento kaj, kvazaŭ nenio okazis, sidiĝis sur seĝon ĉe la alia flanko de la tablo. La kliento kvazaŭ tuj komprenis la mutan demandon sur la vizaĝo de la bankoficisto.

– Mi petas pardonon, sed al mi estas tre urĝe. Al ni tedis atendaĉi antaŭ via pordo jam dum dudek minutoj. Ĉu vi pensas, ke neniu havas alian laboron krom apogi en labortago la murojn de via atendejo?

Tian arogantecon la bankoficisto ankoraŭ neniam vidis. Li subite ekstaris. La paperoj falis teren, la brakseĝo kun bruo renversiĝis. Pro la subita bruego ĉiuj eĉ salt-ekstaris kaj nun rigardis nur la bankoficiston. Li por momento fermis la okulojn kaj apogis sin per ambaŭ manoj sur la tablo. Li sentis kapturnon. Post momento li estis jam apud la pordo. Sed ne ĉio estis tiom simpla. Li devis sufiĉe forte puŝpremi sin al ĝi komence per unu kaj poste per la dua ŝultro por almenaŭ iel depuŝi al la

- 228 -

ekstera flanko la homojn, kiuj ŝajne decidis barikadi la elirejon.

La bankoficisto entiris sian ventron kaj trapuŝis sin en la koridoron. Sed tie ne iĝis pli facile. La viro trafis ĝuste en la densaĵon de tiu svarmo, kaj lia vizaĝo estis premita al iu molkorpa sinjorino, kiu ŝajnis tuj sufoki lin per sia moleco, eĉ ne rimarkinte tion. Unuvorte, necesis sin savi. La bankoficisto jam estis pripensanta eblajn manierojn de la fuĝo, kiel kaj inter kiuj sin prempuŝi plej facile, kaj eĉ ekmoviĝis en la ĝusta direkto, kiam ĝuste tiumomente el la pordo eliĝis la kapo de la kliento-arogantulo jam konata al li kaj kriegis ion pri la malordo kaj primokado de honestaj homoj. La amaso tuj ekbruis kaj moviĝis, sed dum ĉiuj komprenis la esencon de la parolado, la bankoficisto jam forestis en la koridoro. Li komprenis, ke necesas rapidi, ĉar tiu evidente malsana ulo ne lasos lin hodiaŭ sekure eliri de ĉi tie. Tamen por li jam ĉio estis indiferenta. Li kraĉas pri la homoj, kiuj atendis ĝuste lin kaj freneze kondutas, pri la kunlaborantoj, pri tio, kion ili pensos pri li, kaj ankaŭ pri la ĉefo mem. Jes, kaj pri la ĉefo li kraĉas dufoje, eĉ trifoje. Memadmira stultulo, li ankoraŭ pagsuferos pro ĉio.

La bankoficisto jam estis kuranta, kaj ne ien ajn, sed rekte al la personara fako. Li eĉ ne pensis frapi, impete malfermis la pordon kaj enkuris tien. En lia kapo regis absoluta ĥaoso. Li volis rememori, kiam lastfoje li estis tiel kolera, sed li ne povis. Iam li pensis, ke li ne estas kapabla je malkaŝa krudeco kaj blinda koleru. Ho, se li nun povus taksi la situacion adekvate··· Li trankviliĝus, revenus al sia laboro kaj eĉ ĝis la vespero elpensus pravigojn por si kaj flatemajn vortojn por la ĉefo. Sed nun la bankoficisto volis nur prezenti petskribon demisian kaj kiel eble plej baldaŭ meti finon al ĉio. Ĝojigis unu fakto – ke neniu scias, kie li estas nun. Do la bankoficisto okupiĝis pri la petskribo. Ankoraŭ unu minuton – kaj li povos forlasi por ĉiam tiujn ĉi abomenajn murojn kaj neniam reveni ĉi tien. Li trovos alian laboron, kie oni estimos lin. Ĝuste tiumomente la viro atingis la punkton, kie li devis enskribi siajn antaŭnomon, familinomon kaj patronomon. Kaj tiam la bankoficisto sentis, ke li estas pelita en senelirejon. Sed de kiu? Kiu hodiaŭ dum la tuta tago detruas ĉiujn liajn planojn, devigante lin plori? Ĉu la taksiisto, la ĉefo, la klientoj? Kaj pro tio, ke li ne povis trovi kulpulon, lia situacio ŝajnis al li ankoraŭ pli malbona.

Sed eble la problemon kaŭzas li mem? Ĉar estas li, kiu ne memoras sian nomon kaj ĝuste tial li malfruiĝis. Kaj se li ne malfruiĝus, li ne devus skribi peton pri demisio kaj denove rememori, ke li forgesis sian nomon. Eble li simple freneziĝas, ĉar kiel do oni povas forgesi samtempe tri vortojn: antaŭnomon, familian nomon kaj patronomon? Se li nur scius almenaŭ la antaŭnomon, li povus fosi en la datumbazo de la banko, kaj tiam eble ankaŭ la plena nomo iel rememoriĝus. Eblus uzi iujn rimedojn, sed la bankoficisto estis tro laca, kaj la decido pri demisio nun, kiel ajn stranga tio estus, ne ŝajnis tiom absurda.

Eĉ plie, la bankoficisto klare komprenis, ke li ne plu volas esti bankoficisto. Kaj la problemon kaŭzis eĉ ne la konkreta institucio, sed la speco de agado. Kiel li ĝis nun ne povis rimarki, ke lia koro tute ne inklinas al tiu laboro? Neniu iam plu nomos lin sinjoro bankoficisto, kaj poste, eble, lia propra nomo riveliĝos. Estis jam sensence resti ĉi tie, ion ajn klarigadi, tumulti, nervozi. Ankaŭ la petskribo estis senbezona: la ĉefo ĉion decidis pli frue ol la bankoficisto. Nun tiu estis libera en siaj agoj, do li foriris. Li tiel rapide kaj kategorie ŝanĝis siajn konsiderojn, ke nun li ne rekonis sin mem kaj iufoje li eĉ ektimis. Tiu lia vivo, ŝtopita per iaj sufiĉe enuigaj kaj sensencaj ritoj, estis por li samgrade fremda, kiel ankaŭ abomeninda.

Tiu ne estas mi, – ripetadis al si la viro, rapidante al la elirpordo, – tiu ne povas esti mi. Ju pli proksime li estis al la elirejo, des pli sufokis la aero en la ejo kaj des pli premis la kravato lian gorĝon. La viro estis tro nervoza kaj maltrankviligita de siaj pensoj, kiuj aperadis subite el ĉiuj anguloj de lia konscio kaj same subite malaperadis, kaj en ilian lokon venadis aliaj, ankoraŭ pli maltrankviligaj, – li eĉ ne rimarkis, ke lia antaŭe ronda mentono komencis akriĝi. Kaj nun sur tiu, tiel junule konturita mentono, aperis apenaŭ videblaj orkoloraj haroj. La viro premis la manilon de la pordo kaj subite sur lin verŝiĝis, kvazaŭ el sitelo en la paska lundo, sunradioj kaj agrabla varmo. Li duonfermis la okulojn, ekmovetis siajn helajn okulharojn kaj unuafoje en sia vivo rigardis la ĉielon ne per brunaj, sed per helverdaj okuloj. Per la okuloj de vivoplena strangulo.

Liaj haroj iĝis ĉiam pli rufaj. Tiaj rufaj haroj sur la kapoj de aliaj homoj ĉiam kaŭzis ĉe li miron kaj intereson. Tio elvokis rideton, kiel ankaŭ ĉe la ceteraj enuigaj, tedaj brunharuloj-kaŝtanharuloj, kiuj, vidinte tian rufulon, kvankam interrigardis kompateme, tamen, se bone pripensi tion, sendube ĉiu el ili ŝatus esti tiu elektito de la naturo, ŝatus almenaŭ per io distingiĝi. Sed nun tiu elektito estis li, kaj li devus esti feliĉa, ĉar kun ĉiu paŝo lentugoj sur lia vizaĝo, kolo, brakoj multiĝis, kaj lia hararo tiel bele brilis en la sunlumo, ke nun al li komencis rerigardi senceremonie infanoj, kaj knabinoj iel bonkore ridetis. Kaj la viro tre ĝojis pri tio, eĉ pli. Tamen la senton "pli ol feliĉa" li ankoraŭ ne povis plene kompreni aŭ klarigi, sed lia konscio jam laboris super tio, ĉar baldaŭ tiu stato devus iĝi kutima por li.

La viro neniam forlasis la bankon tiel frue. Kiu do povus ekpensi, evidentiĝas ja, ke vivo ekzistas en tiu tempo ekster la muroj de la banko. Kaj ĝi ne nur simple ekzistis. Ankaŭ interne ĝi ekzistis, sed ekstere ĝi bolis, bolis tiel forte, ke ĝi eĉ elverŝiĝis trans la randojn de la stratoj kaj disŝaŭmis ĉiudirekte, penetris en plej malgrandajn stratojn kaj stratetojn, pordejojn, arkojn kaj parkojn. Tiu vivo per terura tornado traflugis ĉie, turnante ĉiujn kaj ĉion jen horloĝdirekte, jen inverse. Kaj la montrilo mem turniĝis tiel rapide, ke homoj konstante ien kuris, interpuŝiĝis, insultis unu la alian, kaj ĉio ĉi estis kaŭzita de katastrofa tempomanko. Kaj ĉio ĉi okazis, ĉar la montrilo moviĝis tro rapide; almenaŭ en la banko la montriloj moviĝis tute alie. La tempo trankvile fluis, fandiĝis kiel butero sur modere varmigita pato, kviete kaj egalrapide disverŝiĝante per la varmaj subtonoj de la subiranta suno en ĉiujn angulojn de la oficejoj en la okcidenta alo de la konstruaĵo. Tie troviĝis ankaŭ lia oficejo aŭ, pli ĝuste, oficĉambro kun lia laborloko.

Ventokirlis. Surstrate ventokirlis, kaj evidentiĝis, ke tiel estas ĉiutage. Tiel estas ĉie, nur ke tio neniam proksimiĝis al la muroj de la banko. Kiam arboj estis elradikigataj kaj rompataj je du partoj, neniu el la folioj fronte al la fenestroj de la institucio, iam ŝanceliĝis, kaj tio kaŝis ne nur ajnan kataklismon, sed eĉ ies spiron. Sed eble tiu malbeninda domo havas ion similan al fulmodukto, krom ke anstataŭ fulmo temas pri la vivo, aŭ pli ĝuste pri la vivanta vivo. Jes, precize tia vivanta vivo, kian volas vivi ĉiu normala homo. Kaj eble la ĉefo instalis tiun vivodukton tuj kiam li ĉefiĝis, por ke oni pli bone laboru kaj ne distriĝu per ĉiaj stultaĵoj? Povas esti, sed ŝajnas, ke tiu aĵo estas tie de longe, jam de antaŭ la ĉefado de la ĉefo. Plej verŝajne ankaŭ la ĉefo mem trafis sub ĝian influon. Tio estas kiel turo por poŝtelefona komunikado. Oni simple instalas ĝin sur la plej alta domo kaj ne gravas, ke tio estas loĝdomo (eble tiam estas eĉ pli bone). Ĝi estas instalata de nekonatoj, kiuj petis permeson kaj ricevis tiun permeson de homoj same nekonataj, kaj jam neniu povas protekti sin kontraŭ ties influo. Tiuj moveblaj ondoj senmovigas ion homan (neniu ankoraŭ scias, ĝuste kion) kaj per tio aldonas al si la saman movkapablon.

Antaŭe la viro estus mirigita, se li estus aŭdinta tion de iu. Sed necesas agnoski, ke tiu penso naskiĝis nun ĝuste en lia kapo. La viro pensis, ke ankoraŭ hieraŭ li povus iĝi geografia objekto, ĉar dum la tago lia situo en la spaco estis tiel difinita kaj senŝanĝa, kiel estas difinita la loko de certa, ni diru, vulkano aŭ akvofalo. Ie rande sur la limo inter konscio kaj subkonscio, li volonte pravigus sian, kiel li konsideris, mizeran ekziston almenaŭ per iu parenciĝo kun objektoj de la morta naturo, jam imaginte sin aŭ altega roko, aŭ giganta prahistoria arbo. Ĉar tiuaspekte oni vin konas kaj respektas, kvankam vi faras por tio nenian fortostreĉon, vi simple staras, vi simple ekzistas. Sed li ja estas vivanta homo, homo el karno kaj sango, kiu eĉ nur por simple ekzisti devas konstante streĉi la fortojn – por spiri, akiri manĝaĵon, konsumi tiun manĝaĵon, transformi ĝin en energion. Kaj ĉio ĉi ja necesas por denove esti en certa punkto sur la tera surfaco. Ĉu ne preferindus en ĉi tiu kazo esti geografia objekto? "Preferindus", – pensis la viro.

Sed ankaŭ ĉi tie io malkonvenis, io premis la cerbon kiel tro granda ŝuo, kiu ne premas, sed nur malrapide faras kalon kaj maltrankviligas, maltrankviligas. Jes, certe. Ĉiu geografia objekto havas sian propran nomon. Laŭ ĝi ni povas trovi la objekton sur la mapo, per reta serĉo, ni ja ĉion povas fari, se ni scias, kiel do ĝi estas nomata. Ni povas vojaĝi al ĝi per trajno aŭ petveture, ĉar ĉiu demandito konas ĝin. Ĉiuj almenaŭ unufoje en sia vivo aŭdis tiun ĝian nomon. Kaj nun, en lia kazo, ĉio estas alia. Li estas neniu miraklo de la naturo, kaj li ne havas nomon. Neniu iam en ajna koordinatsistemo lin trovos. Ĉar evidentiĝas, ke li ne ekzistas. Do la fortostreĉo, kiun faras lia korpo, ne sufiĉas por simple ekzisti, kiel simple ekzistas roko aŭ akvofalo. Tiuj pensoj naskiĝis en la kapo de la viro ne tiel konsekvence kaj klare, kiel la supre formulitaj, sed ĥaose, kvazaŭ li ricevis folion kun tiu alineo por kelkaj sekundoj kaj li sukcesis nur ĵeti sur ĝin rigardon, ne klarigantan ĉion. Sed, kiel ofte okazas, li estis konvinkita pri ĉio, kion li eble ne plene komprenis, ne komprenis, sed sciis, ke ĉio okazas ne tiel, kiel ĝi devus.

Sed nun la viro staris meze de la strato kiel roko, tamen ne pro forteco aŭ, eble, firmeco, aŭ pro kio ankoraŭ povas asociiĝi kun roko, sed pro tio, ke li estis iu kvazaŭ nuda, kvazaŭ ne kovrita, nuda kiel nudaj brilaj rokpecoj, sen eĉ unu falinta folio aŭ peco da musko. Kaj se mankus lia klasika nigra kostumo, li opinius, ke li staras meze de la vojo nur en subvestoj, aŭ eĉ sen ili. Li ne sciis, kion li faru kun si kaj kien sin meti, ĉar li simple ne sciis, kien sin metas homoj en tiaj situacioj (kaj ĝenerale ĉu estas registrita en la historio almenaŭ unu tia situacio?). Kaj post ĉio, kion homoj faras en tiu tempo de la tago? Ĉar krom tiuj kiel li, en la mondo svarmas ankoraŭ tiuj, kiuj faras nenion dum tutaj tagoj, aŭ ne povas fari, aŭ ne volas...

La viro sidis en la bushaltejo, kie ĉiutage li atendis buson hejmen. Sidis, kiel ĉiam, senmova, metinte la manojn sur la genuojn. Kaj nur nun li rimarkis strangajn ŝanĝojn. Li memoris siajn manojn. Kio tamen estus memori ion, kion li jam bone konis? Li konis ilin detale, ĉiun artikon, ĉiun makuleton aŭ tranĉvundeton. Kaj la viro sciis ankaŭ, ke li havas grandajn fortajn brakojn kun larĝaj pojnoj. Ne, ne tiajn, kiajn havas farmistoj pro peza laboro, sed kiajn havas homoj kun forta staturo. Sed nun li ne rekonis ilin. Ili estis fremdaj membroj. Estis tiel, kvazaŭ iu ilin impertinente ŝanĝis. La viro devus juste indigniĝi, sed subite la ŝanĝo ekplaĉis al li. Tiuj maldikaj pojnoj, tiuj graciaj longaj fingroj – ĉio estis kvazaŭ kreita por fari lin granda pianisto. Finfine li vere povus iĝi muzikisto. Nun al la viro ŝajnis timiga profaneco tio, kion li neniam atentis, al kio li eĉ rilatis supraĵe. Kiel li dum tiom da jaroj ne akiris muzikan kleron? Kiel multe li perdis kaj kiel multe li ankoraŭ bezonas regajni.

La viro sidis en la haltejo kaj rigardis la homojn. Sed io ŝanĝiĝis ankaŭ en lia rigardo. Li tiel atente observis ĉiujn, kvazaŭ de tio io dependis. Li renkontis iun per sia rigardo kvazaŭ ĝojante pri tio, kvazaŭ li atendis ĝuste lin, kaj sekvis lin per sia same interesita rigardo, ĝis la vojaĝanto malaperis malantaŭ tumultantaj figuroj de aliaj homoj, kaj poste la viro serĉis sekvan objekton por si. Li povis vidi nur malgrandan fragmenton de ilia vivo, eron. Kio do estis antaŭ lia veno al la haltejo kaj kio okazos poste? Li estis kvazaŭ vagabondo kaŝveninta al kinejo neniam vidita de li, kaj kiu nun staras ĉe la pordo de la kineja halo. Sed li havas eblon malfermeti la pordon nur je kelkaj milimetroj, kaj do vidas la filmon nur tra mallarĝa fendeto. Ĝi estas fendeto tiel mallarĝa, ke nenio estas komprenebla, nur iuj fragmentoj, ombroj, koloroj. Kaj aperas la deziro malfermi la pordon pli larĝe kaj peti permeson eniri.

Kaj kial do la viro elektis ĝuste sian vivon, kaj ne la vivon de jena instruisto kun aktujo aŭ jena muzikisto kun buklita hararo aŭ tiu junulo, kiu kverelas kun sia koramikino, akuzas ŝin pri io, sed tamen ne ellasas ŝian manon? Iu knabeto alkuris al la viro kaj demandis ion, ion tre infanecan, simplan, sed li ne respondis, ĉar li simple ne sciis, kion diri. Li ne sciis, sed ne malvolis. Ĉar la demando estis ne pri interezoj de deponaĵo. Kaj se infano demandus pri la interezo? Ĉu povus tiam la viro eĉ malfermi sian buŝon, ĉu li povus rideti?

La tago estis finiĝanta, kaj al la viro ŝajnis, ke li neniam pli frue vidis tian straton – plenan de paŝtelaj subtonoj. La suno estis subiranta kaj donacanta tian varmon, de kiu neniu emas kaŝi sin en la ombro, neniu plendas. La viro sidis sur benko en parko, submetante la vizaĝon al la varmaj radioj. La nigra klasika kostumo ŝvitigis iomete, kaj ne tro taŭgis por antaŭvesperaj promenadoj, sed la viro ne rapidis hejmen. Li demandis sin, kiam li iĝis tiom sentimentala, sed poste li konkludis, ke verŝajne li simple konas sin malbone. "Nu, tio estas tute ne malbona fino de la tago", – pensis la viro. Finfine li povas aranĝi sian vivon en deca maniero. Li dediĉos pli grandan atenton al sia fianĉino, pli bone prizorgos la maljunan patrinon. Li bone ripozos dum kelkaj semajnoj hejme, do sana dormo kaj multkaloriaj hejmaj manĝaĵoj faros sian efikon. Resaniĝi estas simple lia devo. Ĉar li jam vidis, en kiun absurdan situacion puŝas homon memormankoj. Kurte dirite, tio ne plu devas okazi denove. Li povus tuj iri hejmen kaj ĝojigi la patrinon per sia novaĵo.

La viro jam imagis ilian renkontiĝon, ŝian ĝojan vizaĝon. Sed ne, li decidis ankoraŭ iomete sidi sur la benko kaj admiri la sunsubiron. Fakte, en la subiro mem li vidis nenion eksterordinaran, simple estis agrable fari nenion, eble unuafoje en la vivo sidi kaj nenion pripensi, observi, kiel homoj iradas tien kaj reen, ĉiuj okupitaj pri io, gravmienaj. Tiel la viro sidis ĝis la unuaj lanternoj eklumis kaj stratmuzikistoj lokiĝis sur la apuda aleo kaj ludetis iun tristan melodion. Ĉiuj tiuj cirkonstancoj: kaj la varma vetero, kaj la senbrila lumo de la lanternoj, kaj la malgajetaj violonsonoj – ĉio kvazaŭ konspiris por luli la viron. Jan en agrabla stato de duondormo al li eĉ ŝajnis, ke tiom feliĉa li estis ankoraŭ neniam. Ĉio okazis, kiel devis okazi. Kaj antaŭ li atendas nova feliĉa vivo. Vivo, kiun li ne povis imagi, ĉar li simple neniam ĝin vidis, neniam ĝin ĝuis, sed sciis ĝuste: io pli bona estas preparita por li.

Io laŭte kaj monotone frapadis. Ŝajnis, ke tiu frapado tuj fiksiĝis en la kapo. Kvazaŭ iu batfaris gigantan truon en la kranio. Eble tio estis horloĝo, almenaŭ li ĝis nun opiniis, ke tio estas horloĝo. Aŭ li sonĝis, ke tio estas horloĝo. Sed nun li ne estis tute certa pri tio. La viro malfermetis la okulojn. Li estis kuŝanta sur la benko en la sama parko, metinte ambaŭ brakojn sub la kapon. Giganta arbo, kiu pendis super la benko, protektis, kiel ĝi povis, la viron kontraŭ la pluvo, sed akvo tamen trovis fendojn en la foliriĉa krono, kaj dikaj gutoj falis unu post la alia sur lian vizaĝon, fluante per maldikaj rojetoj sur la mentonon kaj la kolon. Ekstere malvarmiĝis, do la viro ŝrumpigis sin, kiel li nur povis, albrustiginte la genuojn.

Kiom longe li dormis? Li ne sciis, kioma horo estas, sed konsiderante la fakton, ke troviĝis proksime eĉ ne unu homo, certe estis tre malfrue. La viro sidiĝis. Li subite tiel malvarmiĝis, ke li nevole komencis froti la nudajn manojn. Kaj nur nun li rimarkis, ke lia vesto estas ne tiu, kiun li surhavis, kiam li endormiĝis. Lia multekosta nigra kostumo malaperis, kaj anstataŭis ĝin teruraj ĉifonaĵoj. Estis grasmakulita sportpantalono kun truo sur la dekstra genuo, kaj krome tro larĝa, do li devis firme ligi ĝin sur la talio. Ankaŭ la subĉemizo havis ne lian dimension, krome ĝi estis malseka. La viro provis kompreni, kio okazis. Kiel li povis ne senti, ke iu ŝtelas liajn vestojn? Li streĉis sian memoron, sed ĉiuj rememoroj finiĝis per agrabla muziko en la parko kaj lanternoj. Kaj ĝenerale li dormis mirinde profunde kaj tre bone ripozis. Eĉ hejme, en la varma lito, li ne ĉiam sukcesis dormi tiel senzorge. Sed se tiuj personoj ankoraŭ estas ĉi tie kaj observas lin? Eĉ unu penso pri tio timigis la viron.

Li stariĝis kaj, ne retrorigardante, eliris el la parko. Pro la neeltenebla malvarmo li la tutan vojon brakumis siajn ŝultrojn. La viro komprenis la ridindecon de la situacio kaj kiel stulte li aspektus, se li subite renkontus iun el siaj konatoj. Sed feliĉe ĉiuj liaj konatoj estas respektindaj homoj, kiuj en tiu tempo de la tago ne promenas tra la senhoma urbo. Kompreneble, se okazas foje, ke ili volas noktomeze ien veturi, ili prenas sian aŭton aŭ taksion. Kaj en tia aspekto la viron neniu rekonus, eĉ se li proksimiĝus preskaŭ ĝis kontaktiĝo. Sed la plimulto de liaj konatoj laboris en la banko, kaj la bankon li absolute ne volis rememori, do li forlasis tiun enuan meditadon. Preferindus pensi pri io agrabla. Kaj la viro imagis siajn liton, ĉambron, librojn. Li atingu rapide sian hejmon kaj finu tiun teruran ĉenon da okazaĵoj. "Morgaŭ ĉio ŝanĝiĝos – li diris al si – morgaŭ ĉio ordiĝos".

Tiel pensante, la viro nevole ekkuris. Tiel li povis almenaŭ iomete varmiĝi kaj pli rapide atingi la hejmon. Post malpli ol duonhoro li atingis la antaŭurbon, sian straton kun bonordaj unu- kaj duetaĝaj domoj. Tie la viro eksentis sin pli certa. Al li ne plu ŝajnis, ke li estas observata. Jam apud sia domo li haltis por normaligi la spiradon. Li kurbiĝis, apogis sin per la brakoj kontraŭ la genuoj, staris tiel dum minuto, rektiĝis kaj ekiris al la pordeto. Kaj li subite rememoris, ke li ne havas ŝlosilojn. Li ĉiam opiniis, ke ŝlosi la pordon estas senbezona laboro, la patrino ĉiam ŝlosis kaj konstante provis konvinki lin, ke sekurrimedoj neniam estas superfluaj. Kiel oni povas zorgi pri ĉiaj sensencaĵoj, kaj poste trankvile enlitiĝi, kiam via filo ankoraŭ ne venis hejmen por nokti kaj oni ne scias, kio okazis al li? Certe, li jam delonge ne estas malgranda knabo, sed antaŭe li neniam faris tion. Kaj ĉu tia okazo ne devus maltrankviligi proksiman homon? Jes, ŝi vere estis proksima al li kaj ŝian foreston li certe rimarkus, sed ĉu li estis tiom proksima al ŝi? Nun li koleris kontraŭ si pro tiu stulta demando, ĉar la konkludo trudiĝis de si mem, sed li ne volis respondi tiel, almenaŭ nun. Ĉar nun, pli ol iam, li bezonis certecon pri iu. Eble se la viro ne estus tiom laca, li ofendiĝus kontraŭ la patrino, sed nun tio lin ne koncernis. Li sukcesis almenaŭ pri la barilo. Ĝi estis sufiĉe alta, sed ĝin povus transgrimpi eĉ antaŭlernejano. La viro alkroĉiĝis je la forĝitaj elstaraĵoj kaj post kelkaj sekundoj estis jam sur sia korto. Li alvenis la enirpordon kaj frapis delikate por ne timigi la patrinon. Sed neniu venis al la pordo. Ŝajnis, ke li vere ne estas atendata. La viro frapis denove pli laŭte, kaj poste sonigis la pordosonorilon. Post kelkaj minutoj aŭdiĝis paŝoj. Ne, tio ne estis rapida irado de nervoza homo, kiu ne dormis la tutan nokton kaj estis atendanta tiun longe atenditan sonon de la pordosonorilo. Tio estis kutima malrapida skrapado de pantofloj de maljunulino. Ŝi ankoraŭ iomete bruis, probable gvatante la viron trans la pordo.

– Kiu?

La viron tiu demando konsternis. Li preskaŭ ne sentis lacecon, sed pli kaj pli koleris.

– Panjo, tio estas mi. Malfermu pli rapide, ĉu vi ne vidas, kioma horo estas?

La pordo malfermiĝis nur tiom, ke la majunulino povu ŝovi en la mallarĝan fendon sian nazon kaj la dekstran okulon. Sed ankaŭ unu dekstra okulo sufiĉis por ekvidi malpuran nerazitan vagulon kun amaso da rufaj haroj sur la kapo. Nenio en li ŝajnis konata al la virino, nek la laca rigardo de la enkaviĝintaj okuloj, nek lia tro magra figuro tremanta pro malvarmo. Estis evidente, ke la patrino tre timas.

– Iru for, malpura fiulo, se ne, mi tuj vokos la policon!

Ŝi intencis jam fermi la pordon kaj vere telefoni tien, kien ŝi promesis. Sed la viro ankoraŭ ne komprenis la tutan seriozecon de la situacio, kiu jam komencis inciti lin. Li ĝustatempe sukcesis ekkapti la randon de la pordo kaj tiris ĝin al si.

– Mi estas ja via filo. Kio okazas al vi, ĉu ankaŭ vi partoprenas en tiu komploto kontraŭ mi?

Sed la virino ne rapidis respondi. Ŝi estis tiel timigita, ke ŝi retroiris en la internon de la ĉambro, ĝis ŝi apogis sin al la kameno. Sed ŝi ekregis sin kaj, kiam la viro surpaŝis la sojlon, kaptis per kamenŝovelilo kelkajn karberojn, kiuj tuj flugis en lian direkton. Unu el ili falis sur la plankon apud liaj piedoj, sed la dua trafis lian orelon kaj dolore brulvundis lian haŭton. Li subite ekkriis pli pro neatenditeco ol pro la ricevita traŭmato, kaj kuris eksteren. La pordo subite brufermiĝis malantaŭ lia dorso.

– Mia filo estas bankoficisto! Kaj se vi almenaŭ unufoje estus vidinta lin, vi nun ne aŭdacus nomi vin kiel li! Porko senhejma.

La viro malsuprenkuris la ŝtuparon kaj ĵetis sin sur la vojeton sub sia fenestro. Li sidis sur la malvarma cemento ĉirkaŭbrakante siajn genuojn kaj amare ploregis. De la kapo ĝis la piedoj li estis kovrita de koto, el lia orelo fluis sango per varmaj fluetoj. La antaŭnelonga ŝoko pro la okazintaĵoj spertitaj subpremis por kelkaj minutoj la doloron, sed nun, iomete trankviliĝinte, la viro sentis, ke doloras ne nur la orelo, sed la tuta kapo kvazaŭ rompiĝis. Ĉio ŝajnas senespera, la vivo ne plu havas sencon. Li freneziĝis aŭ freneziĝis ĉiuj, kiuj konas lin, pli ĝuste, kiuj konis lin. Kion fari plu, se vin ne rekonas via propra patrino? Eble, li vere ne estas tiu, kiun li al si ŝajnigas, eble li loĝas ne ĉi tie kaj la reago de tiu maljuna sendefenda virino estas natura kaj tute logika?

Post iom da tempo la viro eble konsentus kun tiu versio, sed subite li eksentis ion varman sur sia mano, kiu kuŝis sur la cemento kiel iu fremda kaj nenecesa aĵo. La viro havis tian kapdoloron, ke li ne tuj komprenis la devenon kaj fonton de la subita varmo. Li malfermis la okulojn kaj ekvidis sian grandan hundon lekantan lian manon. La hundo svingis vigle la voston ĝojante pri la ĉeesto de la mastro kaj poste komencis leki lian vangon. La viro estis tiom kortuŝita, ke li surgenuiĝis antaŭ la hundo, brakumis ĝian kolon kaj ne ĉesis plori. Li karesis ĝin seninterrompe profundigante la fingrojn en la densan hundan hararon kaj ĉiufoje trafis tuberojn da malpuraĵoj kaj lapoj. "Delonge neniu flegis vin", – pensis la viro.

Tiel duope ili pasigus ne sciate kiom da tempo: la hundo – lekante la mastron, kaj la mastro – plendante pri sia vivo, se ne intervenus lia kolerega panjo, kiu, kiel evidentiĝis, ne estis tiel sendefenda. Al ŝi videble ne plaĉis la ĉeesto de iu senhejmulo sur ŝia korto. Ŝi rigardis de tempo al tempo el la fenestro lian kurbiĝintan korpon sube apud la florbedoj kaj febre pripensis variantojn, kiel ŝi povus forpeli lin de tie. Kaj ŝi elektis la seneraran. Malgraŭ la tro frua horo, la virino komencis senceremonie telefoni al la plej proksimaj najbaroj, sciigante, ke sur ilia strato aperis almozulo, kiu nokte transgrimpas barilojn kaj, kvazaŭ hejme, promenadas en fremdaj kortoj, torturas hejmbestojn, kaj eĉ provas eniri perforte la domon. Kaj ĝuste nun li estas kuŝanta senĝene sub ŝia fenestro. Ilia reago, kompreneble, estis fulmorapida.

La viro ne tuj rimarkis, ke en la najbaraj domoj oni komencis ŝalti la lumon. Jam kiam ekstere ekbruis, li ekvidis, ke samtempe en pluraj kontraŭaj domoj malfermiĝis la pordoj, kaj la najbaroj ne dormas, kaj kelkaj el ili eĉ rigardas el la fenestroj. Kelkaj kuraĝuloj, arminte sin per improvizitaj armiloj – rulglatigiloj, bastonoj, kaj kelkaj eĉ per tranĉiloj – estis survoje al lia pordeto. La viro ne tuj komprenis la danĝeron, sed la hundo jam delonge estis graŭlanta, ĉiumomente preta ĵeti sin kontraŭ neinvititaj gastoj. La lumo de iliaj poŝlampoj jam estis glitanta laŭ florbedoj kaj vojetoj antaŭ la domo. Ankoraŭ iomete, kaj la lumo falos sur lian kurbiĝintan figuron apud la domo. Kaj tiam li jam ne eskapos.

Nekompreneblaj vigleco kaj energio ekkaptis la viron tiel subite, ke li ne rimarkis, kiel rapide li ekkuris kaj ĝustatempe kaŝis sin malantaŭ la domo. "Tio estas, verŝajne, io simila al ebrieco, kiu donas al dormema kaj laca homo fortojn por danci kaj amuziĝi ĝis la mateno", – jam poste pensis la viro, kvankam li neniam havis okazon esti en tiu stato de ebrieco. Sed li sciis, ke ĉio okazas proksimume tiel. La viro kun knaba facileco transsaltadis la najbarajn barilojn, preterkuris dekorajn nanetojn sur kortoj, kaj nun la krioj kaj tumulto restis fore malantaŭe.

"Ĉu ĝuste tio estas mia hejmo, ĉu ĝuste tio estis mia hejmo?" – pensis la viro, nun jam firme decidinte ne plu reveni ĉi tien. Kiel li povis vivi inter tiuj homoj? Certe, ĉiu normala homo por ĉiam forirus el la loko, kie li aŭ ŝi ĉiam povas esti mortigita de la propraj najbaroj. Jes, en la estonteco li devos elekti hejmon, kie radiuse de dudek kilometroj loĝos neniu homo — tio estas minimuma. Prefere loĝu hundoj. Subite la viro rimarkis, ke apud li trotetas lia hundo. Kaj tio estis la sola pruvo, ke li estas li, kaj ne iu vagabondo, almozulo aŭ ŝtelisto, sed viro, kiu loĝas tie ĉi kaj estas la mastro de la hundo. Ĉar hundoj estas fidelaj nur al siaj mastroj. Kaj tiu mallaŭta trotetado estas lia plej bona hodiaŭa okazintaĵo.

La viro kaj la hundo proksimiĝis al bonstata domo ĉe alia rando de la urbo. La domo estis preskaŭ la sama, kiel lia propra, kaj ankaŭ la strato per nenio diferencis. La viro plurfoje pensis, ke se li iam nokte estus devigita trafi ĉi tien sen scii ĝuste, kie li estas, li ne komprenus, kie li troviĝas, kaj eble eĉ enirus la domon, pensante, ke ĝi estas lia propra. Sed en tiu simileco la viro vidis nur pozitivaĵon. Iam li edziĝos al sia fianĉino (tio devos iam okazi), tiam li ne devos kutimiĝi al ĉio nova, ĉar ĉio estos preskaŭ la sama, kiel antaŭe.

Certe, eblos transloki la meblaron, por ke ĉio estu ankoraŭ pli kutima. La viro ŝatis nenion novan. Precipe, kiam tio nova minacis aperi en lia vivo tro ofte, ĉar tiam li estos devigita kutimiĝi al tio nova. Kaj ĉar lia vivo estis kontinua kutimo, firmiĝinta dum multaj jaroj, do necesus simple interŝanĝi sian vivon kontraŭ la nova, malgraŭ ke la malnova tute taŭgis al li. Do lia fianĉino devis dum multaj jaroj resti fianĉino, kaj la vorto "iam" en la frazo "iam tamen estos devigita" ankaŭ poste signifis senfine longan kaj nedifinitan tempoperiodon.

Neniam en tia aspekto la viro venis al sia fianĉino. Sed ĉu tio iel gravas? Nun li pensis pri ŝi kun tiaj tenereco kaj sindonemo, kiel neniam. Ŝin, li havis nur ŝin, la solan personon en la mondo, la solan, kiu povas kompreni lin kaj kompati. Tuj li banos sin, kaj ŝi kuiros jam verŝajne matenmanĝon. Kaj li rakontos al ŝi ĉion. Kaj ili kune priparolos liajn ĉefon kaj najbarojn (la patrinon li decidis ne tuŝi). Kial li ne rimarkis antaŭe, kiel forte li amas sian fianĉinon? Jes, li diros al ŝi pri tio hodiaŭ. Ne, li diros eĉ pli – li proponos geedziĝi. Eĉ ne vivi kune, kiel ŝi volis, sed geedziĝi. Estos ĉio: blanka robo, olivoj, kiujn li ne povas toleri... Olivoj en ĉiuj manĝaĵoj. Estu eĉ oliva kompoto – tio estas indiferenta por li. Kaj ankoraŭ li mendos ne du kolombojn (vivu ili bone!), sed eĉ dudek, kiel ŝi volis, kaj ili ellasos tiujn po paro dum la tuta vespero. Li deprenos la monon ŝparitan dum la tuta vivo kaj elspezos ĝin ĝis la lasta kopeko por ke restu neniu postsigno de tiu mono – la mono perlaborita en la banko. Estas strange, ankoraŭ hieraŭ li timis panike malfruiĝi tie, kaj jam hodiaŭ estas abomene eĉ rememori tiun institucion. Kaj ĉio ligita kun ĝi estas abomena. Kiel li povis ne rimarki, ke li ne ŝatas tiun laboron, ke ĝi ne estas lia, ne taŭgas por li, ke li ne estas amata tie, ke, finfine, li estas amata ĉi tie, en ĉi tiu domo?

Li devus havi florojn kaj ankoraŭ ion, eble bombonojn. Jes, lia fianĉino ŝatas bombonojn, kaj krome – ĉio estu en belaj skatoletoj, tiaj diverskoloraj, eble, eĉ kun brilaj rubandoj. Tiel pensis la viro forigante de si sekiĝintajn glebojn el florbedoj, kiuj algluiĝis kiel grandaj patkukoj, dum li kaŝis sin de la najbaroj. Se li havus spegulon, li vidus kaj la malhelan sekiĝintan flueton de sango, kiu atingis eĉ la kolon kaj poste transformiĝis al malpuraj makuloj sur la malpura subĉemizo de nekomprenebla koloro, kaj fremdan vilan rufan hararon, kaj fremdan malgrasan vizaĝon kun klare konturitaj zigomoj, kaj fremdan longan kolon, kaj fremdajn konveksajn klaviklojn. Sed la viro ne havis spegulon, do vidi tion li ne povis, kiel ankaŭ la tutan aĉecon de sia aspekto, sed nur sentis, kiel la sekiĝinta sango kuntiras lian haŭton kaj jukas. De tempo al tempo li palpadis sin, kiel blinda skulptisto skulptaĵojn, kaj miris, kien malaperis liaj vangetoj kaj de kie aperis tiu ĝibaĵo sur la nazo. Ŝajnis, ke tio estas iu miskompreno, kiel estis miskompreno ankaŭ ĉio okazinta al li ĝis nun.

Por ne timigi sian fianĉinon per tiel frua alveno, la viro decidis atendi ĝis ŝi ekiros al sia laboro. Tiam li aliros ŝin kaj diros ĉion kiel estas, aŭ fakte, kiel estis. Ĉio plej malbona restas jam malantaŭe. Kaj tiam li kaptis sin ĉe la penso, ke io simila jam ie estis, iam li sentis la samon, eĉ ne iam, sed kiam li rapidis hejmen al sia patrino. Sed li tuj forpelis tiujn pensojn kaj sidiĝis, forte ĉirkaŭbrakinte siajn genuojn, sur la bonorde tondita razeno ĉe la barilo de sia fianĉino. Ankoraŭ iomete...

La viro vekiĝis pro la knaranta pordeto. Diketaj mallongetaj kruretoj, firme premitaj en ŝuetoj kun blankaj viletoj, preterkuris je la nivelo de liaj okuloj kaj direktis sin al la vojo. Ekkonsciinte, ke io iris ne laŭ la plano, do ne tiel, kiel li imagis, la viro eknervoziĝis. Kaj li imagis tiun renkontiĝon jene: komence li eble preparos sian fianĉinon al sia aspekto, kriante al ŝi ion similan al "pardonu, mi nun klarigos ĉion". Sed por tio nun jam estis tro malfrue. La koro ekbatis freneze, kaj en la oreloj io ekfrapis··· La viro volis rapide ekstari kaj rektiĝi por almenaŭ tiamaniere alpreni homan aspekton, sed nun li estis evidente ne en la plej bona stato (finfine, li neniam estis en plej bona stato, des malpli nun). Do anstataŭ rektiĝi kordosimile per sia tuta vira beleco, li faris iun strangan impetan ranan salton. Sed anstataŭ surteriĝi rane sur siajn kurbiĝintajn krurojn (nu, almenaŭ tiel), li simple sterniĝis antaŭ la vilohavaj ŝuetoj kun la samaj blankaj peltaj kvastoj kaj ankoraŭ iuj ornamaĵoj, kiujn ordinara persono, estante en normala spaca pozicio sur la strato, neniam rimarkus. Sed la viro nun tre bone vidis ilin, ĉar li rigardis tiujn aĵetojn de tute proksime. Li ankoraŭ ne sukcesis kompreni, kio okazis, kiam lia fianĉino pufeta kaj pepvoĉa, kaj, juĝante laŭ ŝiaj ŝuoj, ankaŭ senigita je gusto, kiu jam antaŭ la apero de la viro eksentis strangan odoron kaj kontinue faris malkontentan mienon, premis la manilon, laŭte ekpepis kaj reflekse ekskuis sian krureton kun tia forto, kiu estis atendebla de neniu, kaj trafis ĝuste la bruston de la viro. Post tio ŝi, tutkorpe tremante kaj konstante retrorigardante, kvazaŭ la viro, kiu nun tordiĝis sur la herbo pro doloro, povus kuratingi ŝin, ekfrapetis per siaj kalkanumoj irante la straton malsupren.

Nun la vivo de la viro akiris almenaŭ iun difinitecon, kaj tiu difiniteco konsistis en tio, ke li difinis la tutan aĉecon de sia ekzisto kaj perdis ajnan fidon al iu. Tagoj pasis, kaj poste semajnoj, kaj li daŭre sidis ĉe la barilo kiel senhejma hundo. Li jam delonge ĉesis rekoni sian spegulbildon en postpluvaj flakoj. Li similis la homon de Neandertalo. Pri la homoj de Neandertalo la viro sciis nenion, aŭeble tamen ne tute nenion: iam, ankoraŭ en lernejo, li ja ion aŭdis pri ili, sed antaŭ longe forgesis. Nun li mem similis bildon el paĝoj de lernolibroj pri historio, almenaŭ li estis same timiga kaj vila.

Lia densa, nun jam bukla hararo komencis tre tedi. En ĝi aperis kaj multiĝis teruraj mordemaj estaĵoj. "Eble pedikoj" - pensis la viro, sed certe scii tion li ne povis, ĉar li ankoraŭ vidis neniun pedikon propraokule. Kiam li buliĝis por dormi, la barbo, kiu jam estis iom kreskinta, tiklis lian kolon. Sed tio estis negravaj ĝenoj en komparo kun la sekvoj de la forta bato per la ŝuo. Kun ĉiu enspiro kaj elspiro al la viro pikis en la brusto tiel, ke li ĉirkaŭbrakis la bruston eĉ en la dormo. Kvankam lastatempe la doloro ŝajne iom kvietiĝis. Aŭ la rompita ripo kunkreskis (se tio estis ripo), aŭ li simple alkutimiĝis al la doloro. Lia haŭto senĉese jukis. La viro tiom malgrasiĝis, ke lia (tio estas, ne lia) pantalono flirtis en la vento, kvazaŭ ĝi pendus sur ŝnuro. Li kutimiĝis manĝi nemulte kaj neregule. Fojfoje lokaj hundoj alportadis iun nutraĵon, pli ofte homoj ĵetadis manĝaĵrestaĵojn aŭ malfreŝan manĝaĵon. Kelkfoje la viro sukcesis kaŝveni sur ies bedon kaj tie dank'al siaj jam longaj ungoj rapide elfosi kelkajn legomojn.

Li vagadis laŭ la strato, kie loĝis lia fianĉino, kvankam tio okazadis nun ĉiam pli malofte. Pli ofte la viro, malpura kaj malsata, simple kuŝis sur la gazono ĉe ŝia barilo. Post tio, kiam li lastfoje provis alparoli sian fianĉinon, pasis ne tiom multe da tempo en komparo kun lia imago pri tio, kaj li imagis, ke ĉio estis almenaŭ en la pasinta vivo, kiam li ankoraŭ ne estis homo de Neandertalo. Nun la viro jam ne memoris, kial ĝuste tiun personinon li konsideris malfremda aŭ preskaŭ malfremda, ja tiel aŭ alie ŝi iam estis parto de lia vivo. Nun ŝi per nenio distingiĝis por li de aliaj loĝantoj de la strato. Kaj la elekto de lia loko por la kuŝado atestis nenion. Iufoje, kiam ŝi rapide trotetis per siaj pufaj kruretoj preter lia tordiĝinta korpo kaj rigardis abomene al li, en liaj okuloj oni povis ankoraŭ rimarki ion similan al espero, ke ŝi rekonos lin. Iufoje li eĉ levis sian vizaĝon, por ke ŝi povu pli bone esplorrigardi lin, kaj eĉ ne moviĝis. Sed ĉio, kion li sukcesis, estis nur malfreŝa bulketo, kiu, verŝajne, tro longe kuŝis en la kuirejo, malmoliĝis kaj nun flugis en lian direkton, batinte lin ne pli malbone ol malgranda ŝtono. Estis neniu hezito en ŝiaj okuloj, neniu kuntiriĝo de vizaĝmuskoloj, neniu gesto. Nenio indikis, ke ŝi traktas la viron kiel almenaŭ proksiman biologian specion. "Sed kial? – ofte demandis sin la viro. – Ni ja estas ne nur nia eksterajô. Devas esti ankoraŭ io, kio permesos al homoj rekoni unu la alian, eĉ kun fermitaj okuloj". Kaj tiam la viro teruriĝis, rememorinte, ke li jam estas alia persono kaj ke li tre volis tion kaj ripetadis tion al si mem ĉiutage. Ja li ne plu estas bankoficisto, li estas ordinara homo. Li volis novan vivon, sed neniam pensis, kia ĝi devas esti. Sekve nun li havas tiun novan vivon kaj devas ĝoji.

Somere, kiam estis varme kaj la akvo estis varma, li permesis al si malsekiĝadi en la rivero, ebligi al la malpurajôj sur la korpo solviĝi en malhela agrabla likvajô. La viro kuŝis surdorse apud la bordo mem, enakviginte la vilan kapon, tiel ke li vidis nur la finajôn de sia barbo. Tiam la brusto preskaŭ ne doloris kaj pedikoj jam tute ne ĝenis. Tiuj estis la plej agrablaj momentoj de lia vivo. Nun li komprenis, ke homo povas havi ankaŭ aliajn malgrandajn plezurojn, ne nur tiujn, kiuj rememoriĝis de la pasinta vivo. Sed ankaŭ tiuj ne estis liaj propraj plezuroj, sed nur tiuj, pri kiuj li simple aŭdis. Kaj aŭdis li pri bilardo kaj kegloludo, kaj pri amikaj vesperoj, kaj eĉ pri ĉevalvetkuroj. Kaj se li estus aŭdinta pri homo, kiu noktomeze dum horoj kuŝas en la rivero, li ne estus kredinta, ke tio povas esti amuza kaj agrabla, eĉ necesa. Foje sur la bordo li eĉ trovis puran ĉemizon. La viro hezitis, ĉu indas preni ĝin, ĉar iu povas reveni por preni ĝin, sed blovis la vento kaj lia maldikega, tremanta korpo de si mem plonĝis en la ĉemizon. Pri la pantalono li ne havis tian fortunon, do ĝi same kiel antaŭe plu flirtadis kiel du flagoj ĉirkaŭ liaj kruroj.

La rivero iĝis la preferata loko de la viro, sed bedaŭrinde dumtage li ne povis esti tie. Dumtage homoj ĉe la rivero ĵetflankiĝis de li, diskuradis kiel de kamikaza teroristo provizita de eksplodaĵoj. Ŝajnis, ke la homoj pli bone akceptus piranjojn en la akvejo, kie estis ankaŭ ili mem, ol la ĉeeston de lia osteca senkulpa korpo. Do tage la viro plu apogis sin al la kutima barilo, ĉirkaŭbrakante sin. La pasantoj delonge ne plu protestis kontraŭ lia ĉeesto kaj simple ne atentis lin. En la brusto dume plu pikis iufoje, la haŭto jukis kaj la ventro kaviĝis kaj donis al la figuro de la viro strangan konkavan formon. Kial li toleras ĉion tion? Iufoje la viro eĉ forgesis, kiel estiĝis ĉiuj ĉi ŝanĝoj en lia vivo, kaj tiam al li ŝajnis, ke li naskiĝis ĝuste tie ĉi, ĉe la sama barilo, kaj jen tiel li mizeradis dum la tuta vivo. Sed kiam la viro komencis foliumi ĉion en la memoro, li komprenis, ke tute egale li ne estus povinta fari alie. Li ne povus resti en la banko, eĉ se li scius, kiujn konsekvencojn tio tiros. Tiam li bezonis pli liberecon ol nun pecon da pano kaj varman veston. Kaj nun nenio devigus lin reveni al tio, kio estis antaŭe. Prefere estu tiel, sur la nuda tero. Almenaŭ tiam vi scias, ke tiu tero estas kaj povas esti nuda, kaj ne kovrita per asfalto. Kaj vi povas esti, ekzemple, Miĥajlo aŭ Vasil, kaj ne bankoficisto kiel centoj da aliaj bankoficistoj.

Interalie, en siaj multenombraj plagoj la viro forgesis rememori sian nomon, eĉ se tio estas tiom grava por li, almenaŭ estis grava iam. Li devas rememori la nomon, ĉar alie la tuta ideo, tiu ventokirlo, kiu pasis tra lia vivo, estus tute sensenca. Do la viro komencis adapti antaŭnomojn kaj patronomojn unu al la alia kaj poste iujn familinomojn aŭditajn ie kaj iam. Li ripetis ilin denove kaj denove, sed malsukcesis en ĉio. La viro eĉ komencis elparoli laŭtvoĉe. Sed tie li evidente bezonis helpon de iu alia, kiu lin konis aŭ konas. La penso mem pri tio ŝajnis al la viro ridinda, ridinda tiom, ke li preskaŭ ekploris. Kaj li decidis firme elekti novan nomon por si, eble eĉ pli bonan ol la antaŭa, kaj ekvivi novan plenvaloran vivon. Kaj la viro vere faris tion, elektinte por si la nomon Petro. Sed ial la nomo Petro ŝanĝis nenion. Ŝanĝiĝis nek la medio, nek la doloro en la brusto, nek la kutima ĉiutaga malsato. Sendube, la viro Petro nun sentis sin multe pli certe. Li provis rektigi la dorson kaj ne ĝibeti tiel multe, ja li antaŭe ĉirkaŭprenadis sin per la brakoj por kiel eble plej bone fiksi la torakon kaj faciligi la spiradon. Foje li firme ĉirkaŭbrakis siajn genuojn kaj sidis tiel, fermita de ĉio, kiel konketo. Pro la konstanta maltaŭga korpa pozicio la dorso rigidiĝis, kaj nun estis malfacile rektigi ĝin. Sed la viro penis per ĉiuj fortoj. Kaj krome, ĉiutage iĝis pli malvarme, alproksimiĝis malfrua aŭtuno. Nun eblis nek satkuŝi en varma akvo, nek akiri manĝaĵon en legomĝardeno. Nun ĉiuj liaj pensoj estis pri tio, kiel varmiĝi, simple resti viva, ne trovi sin iumatene en glaciiĝinta ŝtoniĝinta korpo kaj neniam plu ekstari. La situacio turnis sin al danĝera direkto. La viro komprenis, ke nun li devas ĝislime streĉi ĉiujn siajn fortojn, por povi vivi almenaŭ tiun mizeran vivon. Kaj vivi, kiel li nun sentis, li volis treege. Nun li provis pli moviĝi, kvankam tio kaŭzis eksterordinaran doloron. La viro vagadis tra la stratoj de la nokta urbo ĉiutage, timante resti en unu loko, por ne frostmorti, kiam venos la unuaj frostoj. Kaj tio estis tuj okazonta.

Li devis ion fari aŭ akcepti la morton. La viro jam delonge forgesis pensi pri sia nomo, eĉ pli: nun tiu pensado ŝajnis absurda. La sorto mem dismetas prioritatojn tiel, kvazaŭ ĝi mokus nin. Do ankaŭ nun ĝi eĉ mokridegis pri li, kvazaŭ dirante: "Homo, kio ja estas nomo kompare kun la vivo?" Kaj la viro pli kuntiriĝis kaj ĉiam rigardis ĝin kiel batita hundo la mastron. Kaj eble vere oni ne povas mem elekti sian vojon, ne povas iĝi tiu, kiu neniam estis, eble, vi devas vivi la vivon, kiu estas por vi preparita, eĉ se ĝi estas tute hazarde preparita de iu, kiu ne pensis kaj ne demandis vin? Sed ĉu iu demandas bebon, donante al ĝi nomon ĉe la naskiĝo? Ĉu tiu bebo havas rajton plendi, kiam ĝi infaniĝos, pri sia malkonvena nomo, se en la decida momento, kiam ankoraŭ eblus ŝanĝi ion, ĝi simple ne povis paroli?

Ŝajne kun la unuaj frostoj al la viro venis la unua laciĝo. Li laciĝis elŝiri ĉiun tagon el sia ekzisto kvazaŭ el ies dentoza buŝego. La viro sidis sur la benko kovrita per prujno, kaj laceco densiĝis tiel, ke li eĉ ne havis forton por froti la man- kaj piedfingrojn, kiuj jam brulis pro la malvarmo. Kaj li nur rigardis, ĉu ili ankoraŭ ne nigriĝis, ĉar se jes, tiam ekzistos neniu senco retrorigardi tien, al la konstruaĵo malantaŭe. La viro ĉiam pli tiris sur sian kapon plejdon, ŝtelitan de ies perono, kvazaŭ kaŝante sin de tio, kio atendis lin malantaŭ lia dorso. Forta vento, kiu ĵus ekblovis, disĵetis neĝon ĉiuflanken. Neĝeroj kirliĝis furioze kaj haltis nur sur la barbo, brovoj, hararo de la viro, alfiksiĝis al la okulharoj, amasiĝis sur la genuoj. Homoj tumultis kaj poste rapide malaperis jen en la domoj, jen en la busoj. Post momento malaperis la spuroj de la lastaj pasantoj kaj de senhejmaj hundoj. La horizontlinio fariĝis poiome pli malpreciza kaj poste tute malaperis. Kaj ŝajnis, ke jen ĝi estas ĉi tie, ĝuste antaŭ lia nazo, apenaŭ videbla malantaŭ la blanka neĝo tranĉanta la okulojn.
Sed eble pri tio ne la neĝblovado kulpas, eble li simple sidas sur la rando de la mondo. Jen,

se li faros unu paŝon, li transiros la horizontlinion, kaj la horizonto restos malantaŭe, kaj antaŭe estos nur tio, kio estas trans la linio. Io tia, kian neniu vidis. La viro malrapide turnis la kapon, kaj neĝo ŝutiĝis de sur ĝi, kiel el neĝa nubo. Malantaŭe estas la benkodorso, malantaŭ ĝi estas vico de knarantaj arboj, kaj malantaŭ ili... Malantaŭ ili tiu tuta ĥaoso finiĝis. Malantaŭ ili la vento kvietiĝis, neĝeroj ĉesis ĵeti sin diversflanken kaj defalis senforte surteren, kiel folioj el arboj aŭtune. Malantaŭe estis la banko. Griza, kun neniu postsigno de vintro. Griza, kvazaŭ farita el la tero, sur kiu ĝi staras, kvazaŭ ĝi aperis kune kun tiu tero aŭ eĉ pli frue ol ĝi. Griza insulo meze de la vasta mondo. Nun la viro rigardis la domon ne timeme, li rigardis rekte, per larĝe malfermitaj okuloj. Kaj ju pli la okuloj kutimiĝis al la grizo, des pli klare li komprenis, ke li povas nenien eskapi kaj nenie sin kaŝi. Kaj neniu eskapos kaj kaŝos sin de tiuj muroj. Li neniam iĝos muzikisto, liaj fingroj kuros tra klavaro, sed ne tra pianoklavoj. La viro elplejdigis la manojn, sed nun liaj graciaj fingroj ŝajnis al li ne tiom graciaj, sed plejeble kontraŭe — dikaj kaj mallongaj. Ĝuste en tiu momento iu preterpasanto, rapidanta en la bankon al laboro, haltis apud la benko. Li aliris kaj malvolvis la neĝkovritan plejdon. La velkinta malpura vizaĝo, kovrita per densa barbo, ŝajnis al li konata. Certe, li konis tiun homon ne pro komuna laboro. Li estis konvinkita, ke neniu el liaj kolegoj por io en la mondo iĝos tia ĉifonulo, sed tamen laŭaspekte la vagulo iomete similis al iu. Tio okazas, kiam vi ekvidas fraton aŭ fratinon de via amiko, kiujn vi neniam antaŭe vidis, tamen vi ekkaptas ion kvankam malproksiman, sed sendube komunan. Ronda pala vizaĝo — ie li vidis ĝin. Sed ne, rufa hararo — li neniun rufharulon konis persone. La viro revolvis la plejdon kaj daŭrigis sian vojon, planante informi la gardantaron pri la senhejmulo, kiu mortfrostiĝas ĉe la banko. Tamen li kelkfoje retrorigardis, io plu maltrankviligis lin.

La sekva preterpasanto, kiu rimarkis la homon sur la benko, jam estis malfruiĝanta al la laboro. Li hezitis dum kelkaj sekundoj, ĉu aliri pli proksime la mizerulon, sed pensis tamen, ke lasi la homon frostmorti dumtage — tio estus troa. Li, simile al la unua, kun abomeno kaptis la plejdon per tri fingroj kaj malvolvis. La homo sur la benko estis en terura stato, ŝajnis, ke li estis rabita kaj eĉ batita, sed spite al tio, la viro rekonis lin. Ronda vizaĝo, rekta nazo, nigra hararo – sendube, tio estas li. "Vasil Petroviĉ?! Ĉu vere tio estas vi?!" La viro ekkriis kaj pro neatenditeco sidiĝis sur la neĝkovritan benkon. Jam post unu minuto li kuris al la banko, lasinte sian tekon kun valorpaperoj ĉe la senkonscia sinjoro, bankoficisto, kiu, se li povus, finfine ekaŭdus sian nomon, finfine rememorus ĝin... Se li povus.(*)

에스페란토 옮긴이

페트로 팔리보다(Petro Palivoda: 1959~)

　페트로 팔리보다는 우크라이나 시인이자 에스페란토 시인이며 번역가입니다.
키이우(키예프)에 살고 있습니다.
그의 작품은 우크라이나, 러시아, 독일어로 발표되었으며, 에스페란토 원작도 있습니다.
　그의 번역 작품은 우크라이나, 러시아, 리투아니아, 체코, 슬로바키아, 스위스, 루마니아, 미국, 오스트레일리아, 중국, 코스타리카, 폴란드, 캐나다, 터키, 크로아티아, 한국, 헝가리의 잡지, 정기간행물, 문학 잡지, 안톨로지 등에 발표되었습니다.
　그는 1976년 에스페란토에 입문하여 우크라이나의 여러 시인의 작품을 에스페란토로 옮겼으며, 여러 나라의 에스페란토 시 작품을 우크라이나어로 옮겼습니다. 스페인어, 독일어 시인들의 작품도 우크라이나어로 옮겼습니다.
　율리오 바기, 바실리 에로센코를 비롯한 수많은 에스

페란토 작가의 작품을 우크라이나어로 번역했으며,
Julián Marchena(스페인어에서 우크라이나어로),
Martin Kirchhof(독일어에서 우크라이나어로),
Tetjana Ĉernecka(러시아어에서 우크라이나어로),
Kalle Kniivilä의 작품(에스페란토에서 우크라이나/러
시아어로), Ulrich Becker, Guido Hernandez
Marin (에스페란토에서 우크라이나어로) Anton
Meiser, Manfred Welzel (독일어에서 우크라이나어
로), Ĥristina Kozlovska (우크라이나어에서 에스페란
토/독일어로)의 작품을 번역하기도 했습니다.

2006년 러시아에서 열린 국제 에스페란토 문학
(Liro-82)의 시 부문에서 3위 입상.

2006년 불가리아에서 열린 국제에스페란토문학의
시 부문에서 1위 입상.

2006년 키에프에서 열린 우크라이나어 문학 콩쿠르
에서 3위 입상.

2015년 "원작시"와 "번역시" 부문 우승,

2019년 에스페란토 국제 시부문 콩쿠르에서 우승.

2006년 현대 가요제에서 작사가상 수상,

2015년 우크라이나 전국 문학-음악 콩쿠르에서 원
작시와 번역시 부문에서 입상.

2019년 이탈리아 국제 시 콩쿠르에서 입상함

2004-2012년 그는 국제 문학 콩쿠르 "Liro"의 심
사 위원 역임.

우리말 옮긴이의 글

전쟁에 휩싸인 우크라이나 친구들을 생각하며,

2022년 2월 27일입니다.
지난 24일 오전 5시 러시아가 우크라이나를 침공했다
는 뉴스를 듣고서, 과연 역사의 수레바퀴가 다시 옛
소련 시대로의 회귀를 위한 시동인가 하는 의문을 갖
게 합니다.

19세기부터 러시아로부터 독립을 염원해온 우크라이
나, 1991년 12월 구 소련으로부터 독립한 독립국 우
크라이나 국민의 안녕과 건강을 기원합니다.

애독자 여러분이 들고 있는 이 작품은 우크라이나의
30대 젊은 작가 **크리스티나 코즈로브스카**(Ĥristina
Kozlovska)의 작품입니다.
작가는 동화나 소설을 통해 사회에 대한 깊은 이해와
사랑을 보여주고 있습니다. 반려견과 반려묘 이야기,
두더지, 검댕이, 도마뱀을 통해 인간 사회의 어둠과
밝음, 어리석음을 알려주고, 비평하고 있습니다. 특히
<반려견 브리오슈>, <반려 고양이 플로로>와 <은행
원>은 번역하는 내내 작가의 사회를 보는 따뜻하고
사려 깊은 시각을 다시 확인하며, 즐겁게 때로는 안타
깝게 읽어 나갔습니다.

이 작품을 대하는 독자 여러분은 어떤 의견인가요?

이 작품과 관련하여 우크라이나 번역가 페트로 팔리
보다(Petro Palivoda)씨와 교류는 2017년으로 거슬러
올라갑니다.

한국에스페란토협회 부산지부 회보 <TERanidO>의
편집자인 저는 그해 10월 우크라이나 역자에게서 크
리스티나 작품 2편(<검댕이 일꾼>과 <두더지>)을 이메
일로 받았습니다.

그때 그는 이렇게 자신을 소개했습니다.

"Karaj amikoj!

Mia nomo estas Petro Palivoda, mi estas
ukraina kaj esperanta poeto kaj tradukanto.
Antaŭ nelonge mi elukrainigis kelkajn rakontojn
de nuntempa ukraina verkistino, laŭreato de
kelkaj literatiraj konkursoj Ĥristina Kozlovska.
Mi sendas al vi miajn tradukojn kai estus feliĉa
se vi povus aperigi ilin en via belega revuo
TERanidO."

그 뒤 반려 고양이 <꽃>을 보내 왔고, <예티오>를
보내주었습니다.

2020년 1월에는 <꽃>과 <도마뱀> 등의 삽화도 보내
주었습니다. 그때 <꽃>의 삽화(우크라이나 화가
Natalia Pendjur 작품)와 또 다른 삽화(우크라이나
화가 Oleh Loburak 작품)를 보내주었습니다. 그때
<은행원>과 <도마뱀> 2편도 보내주었습니다. 그때에

는 이와 같은 메시지도 함께 보내주었습니다.

"Kara Ombro! Dankon pro via mesaĝo kun belegaj tradukitaj poemoj! Mi legis ankaŭ informon pri Jerzy Zawieyski en Vikipedio. Li estis tre interesa verkisto. Mi havas kelkajn ilustraĵojn al la rakontoj de Ĥristina Kozlovska. Por la rakonto "Floro" ilustraĵon faris ukraina pentristino Natalia Pendjur, kaj por la aliaj – ukraina pentristo Oleh Loburak. Eble iuj el ili povus esti uzitaj en la libro. Krome mi havas ankoraŭ kelkajn aliajn rakontojn de sinjorino Ĥristina en Esperanto kaj en la angla lingvo kiujn mi tradukis. ..."

"Kara Ombro, mi sendas al vi pliajn rakontojn de Ĥristina, kiujn mi esperantigis. La Bankoficisto estis aperigita en Beletra Almanako. Mi kunsendas ilustraĵon al Lacerto kaj foton de la aŭtorino. Eble vi povus uzi ĝin en la libro."

같은 해 12월에는 <브리오슈>를 보내왔습니다.

"Dankon, kara Ombro! Ni esperu! Antaŭ nelonge mi tradukis ankoraŭ unu rakonton de Ĥristina Kozlovska. Mi sendas ĝin al vi. Eble ĝi povus esti interesa por vi."

그렇게 크리스티나 코즈로브스카의 작품이 모아지고,

한국어 번역본이 준비되었습니다. '코로나19'가 닥치고, 이 번역본 발간을 준비하는 시점에 우크라이나는 러시아의 침공으로 전쟁에 휘말려 있습니다.

올해 2월 27일 우크라이나 번역가 페트로씨는 안타까운 편지를 보내왔습니다.

"Saluton, kara Ombro! Estas milito en Ukrainio. Fia kaj aĉa Rusio atakis nin, sed ni esperas al nia venko, estas malfacile Dankon pro viai tradukaĵoj de Lesja Ukrainka, mi transsendis ilin al la profesorino. Mi sendas al vi tri fotojn kiujn mi povis trovi. Eble poste mi skribos ion kion vi petis, sed mi ne scias ĝuste, ĉu mi povos... "라며, 러시아가 우크라이나를 침공했다고 하면서, 전시 중이라 이메일을 쓰기가 힘들다는 것을 알려 주고 있습니다.

우크라이나와 관련해 다른 작품도 받았는데, 저는 20세기 초, 100여년 전의 우크라이나 문학가 레샤 우크라인카(Lesja Ukrajnka, (Лариса Петрівна Косач-Квітка), 1871~ 1913)의 시 2편을 여기에 소개합니다. 당시 우크라이나는 러시아로부터 독립을 염원했음을 볼 수 있습니다. 레샤 우크라인카 작가는 조국의 독립을 염원했던 우크라이나 시인이자 극작가였습니다.

Вишеньки

Поблискують черешеньки
В листі зелененькім,
Черешеньки ваблять очі
Діточкам маленьким.
Дівчаточко й хлоп'яточко
Під деревцем скачуть,
Простягають рученята
Та мало не плачуть:
Раді б вишню з'їсти,
Та високо лізти,
Ой раді б зірвати,
Та годі дістати!
«Ой вишеньки-черешеньки,
Червонії, спілі,
Чого ж бо ви так високо
Виросли на гіллі!»
«Ой того ми так високо
Виросли на гіллі, –
Якби зросли низесенько,
Чи то ж би доспіли?»

버찌

초록 화관에 둘러싸인
버찌들이 붉게 반짝이네.
저 아름다운 열매들이
아이들 눈길을 유혹하네.

소년 소녀들은
손을 길게 뻗어,
제 자리서 펄쩍 한 번
뛰어보고는, 달려가 버리네.

안타깝게 울먹이듯이
불평하네:
기쁨은 버찌 따는 것인데,
어찌 딴다?
기쁨은 입에 넣는 것인데,
어찌 손 닿지?

«어이, 버찌 열매야
붉게 익었구나,
너희는 첨탑처럼
어찌 그리 높이 달렸니!»

«우리가 첨탑처럼
높이 달린 것은,
우리가 낮게 있으면
익지 않아도 너희가 따니!»

(1891)

**Україно! плачу
слізьми над тобою...**

Недоле моя! що
поможе ся туга?
Що вдію для тебе
сією тяжкою
журбою?
Гей-гей, невелика
послуга!
Ох, сльози палкі –
вони душу палили,
Сліди полишили
огнисті навіки.
Ті жалі гіркії –
вони мені серце
зв'ялили!
Даремні для нього
всі ліки.
Чи ж мало нас
плаче такими
сльозами?
Чи можем ми, діти,
веселими бути,
Як ненька в недолі,
в нужді побивається
нами?
Де ж тута веселого
слова здобути?
Говорять, що матері
сльози гарячі
І тверде, міцнеє
каміння проймають;
Невже найщиріші
криваві сльози
дитячі
Ніякої сили не
мають?

우크라이나여!
너를 생각하면 울음뿐

나의 이 슬픈 생각은, –
네 고통과 아픔에 도움이
될까?
안타깝게도 너무 작구나!
눈물만 나오네. 너는 영혼에
깊은 화상을,
불의 자취를 영원히 남겼구나.
이 뜨거운 불평도 상처 입은
네 마음에,
아무런 치료가 못 되네.
이 눈물마저도 이 땅에
줄어드는가?
어린이들이여, 어머니가 슬픔
속에 비참하게 걷던 이 길을
우리는 웃으며 걸을 수
있을까?
도대체 기쁨이라는 말은
우리가 어디서 찾을 수
있을까?
어머니 눈물은 돌도,
금강석도 뚫을 수 있다던데;
우크라이나 어린이들이여,
너희들의 피어린 눈물은,
정말 아무 힘이 못 되는가?

지난 100여 년 전에도 우크라이나 독립을 위해 외쳐온 한 문학가의 절규에서도 볼 수 있듯이, 올봄에는 우크라이나에 평화가 다시 자리하기를 기원해 봅니다.

한국어 역자나 이 책의 출판자의 의도는 에스페란토 사용자들의 문학적 관심과 어학 실력을 향상하는 교재로 이를 이용할 수 있었으면 하고, 나아가, 작가의 문학적 관점이 한국독자들의 관심과 맞는지도 한 번 살펴봐 주실 것을 권합니다.

이 책의 발간을 위해 애를 쓰시는 진달래 출판사 관계자 여러분께 깊은 감사를 드립니다.

늘 에스페란토 번역을 응원하는 가족에게도 고마움의 인사를 드립니다.

혹시 저자나 번역자에게 이 작품집을 애독하시고, 감상문을 보내주실 분은 <suflora@hanmail.net>으로 보내주시면 제가 감사히 읽겠습니다. 또 저자에게도 독자 의견을 보내드리고자 합니다.

우크라이나에 평화가 다시 찾아오기를 기원하면서, 옮긴 이의 글을 마칩니다.

2022. 02. 27.
부산 금정산 자락에서 평화의 봄을 기다리며,
역자 올림

역자의 번역 작품 목록

-한국어로 번역한 도서
『초급에스페란토』(티보르 세켈리 등 공저, 한국에스페란토청년회, 도서출판 지평),
『가을 속의 봄』(율리오 바기 지음, 갈무리출판사),
『봄 속의 가을』(바진 지음, 갈무리출판사),
『산촌』(예쥔젠 지음, 갈무리출판사),
『초록의 마음』(율리오 바기 지음, 갈무리출판사),
『정글의 아들 쿠메와와』(티보르 세켈리 지음, 실천문학사)
『세계민족시집』(티보르 세켈리 등 공저, 실천문학사),
『꼬마 구두장이 흘라피치』(이봐나 브를리치 마주라니치 지음, 산지니출판사)
『마르타』(엘리자 오제슈코바 지음, 산지니출판사)
『사랑이 흐르는 곳, 그곳이 나의 조국』(정사섭 지음, 문민)(공역)
『바벨탑에 도전한 사나이』(르네 쌍타씨, 앙리 마쏭 공저, 한국외국어대학교 출판부) (공역)
『에로센코 전집(1-3)』(부산에스페란토문화원 발간)

-에스페란토로 번역한 도서
『비밀의 화원』(고은주 지음, 한국에스페란토협회 기관지)
『벌판 위의 빈집』(신경숙 지음, 한국에스페란토협회)
『님의 침묵』(한용운 지음, 한국에스페란토협회 기관지)
『하늘과 바람과 별과 시』(윤동주 지음, 도서출판 삼아)
『언니의 폐경』(김훈 지음, 한국에스페란토협회)
『미래를 여는 역사』(한중일 공동 역사교과서, 한중일 에스페란토협회 공동발간) (공역)

-인터넷 자료의 한국어 번역
www.lernu.net의 한국어 번역
www.cursodeesperanto.com,br의 한국어 번역
Pasporto al la Tuta Mondo(학습교재 CD 번역)
https://youtu.be/rOfbbEax5cA (25편의 세계에스페
란토고전 단편소설 소개 강연:2021.09.29. 한국에스페
란토협회 초청 특강)

<진달래 출판사 간행 역자 번역 목록>

『파드마, 갠지스 강가의 어린 무용수』(Tibor Sekelj 지음,
장정렬 옮김, 진달래 출판사, 2021)
『테무친 대초원의 아들』(Tibor Sekelj 지음, 장정렬 옮김,
진달래 출판사, 2021)
<세계에스페란토협회 선정 '올해의 아동도서'> 작품『욤보르
와 미키의 모험』(Julian Modest 지음, 장정렬 옮김, 진달
래 출판사, 2021년)
아동 도서『대통령의 방문』(예지 자비에이스키 지음, 장정렬
옮김, 진달래 출판사, 2021년)
『국제어 에스페란토』(D-ro Esperanto 지음, 이영구. 장정
렬 공역, 진달래 출판사, 2021년)
『헝가리 동화 황금 화살』(ELEK BENEDEK 지음, 장정렬
옮김, 진달래 출판사, 2021년)
알기쉽도록『육조단경』(혜능 지음, 왕숭방 에스페란토 옮김,
장정렬 에스페란토에서 옮김, 진달래 출판사, 2021년)
『크로아티아 전쟁체험기』(Spomenka Štimec 지음, 장정렬
옮김, 진달래 출판사, 2021년)

『상징주의 화가 호들러의 삶을 뒤쫓아』(Spomenka Štimec 지음, 장정렬 옮김, 진달래 출판사, 2021년)

『사랑과 죽음의 마지막 다리에 선 유럽 배우 틸라』(Spomenka Štimec 지음, 장정렬 옮김, 진달래 출판사, 2021년)

『침실에서 들려주는 이야기』(Antoaneta Klobučar 지음, Davor Klobučar 에스페란토 역, 장정렬 옮김, 진달래 출판사, 2021년)

『공포의 삼 남매』(Antoaneta Klobučar 지음, Davor Klobučar 에스페란토 역, 장정렬 옮김, 진달래 출판사, 2021년)

『우리 할머니의 동화』(Hasan Jakub Hasan 지음, 장정렬 옮김, 진달래 출판사, 2021년)

『얌부르그에는 총성이 울리지 않는다』 (Mikaelo Bronŝtejn 지음, 장정렬 옮김, 진달래 출판사, 2022년)

『청년운동의 전설』 (Mikaelo Bronŝtejn 지음, 장정렬 옮김, 진달래 출판사, 2022년)

『푸른 가슴에 희망을』 (Julio Baghy 지음, 장정렬 옮김, 진달래 출판사, 2022년)

『민영화 도시 고블린스크』 (Mikaelo Bronŝtejn 지음, 장정렬 옮김, 진달래 출판사, 2022년)

『메타 스텔라에서 테라를 찾아 항해하다』 (Istvan Nemere 지음, 장정렬 옮김, 진달래 출판사, 2022년)

『밤은 천천히 흐른다』 (Istvan Nemere 지음, 장정렬 옮김, 진달래 출판사, 2022년)